AF296770

CARTULAIRE

DE

L'ANCIENNE CATHÉDRALE

DE NICE

PUBLIÉ

par le Comte

E. CAIS DE PIERLAS

TURIN
IMPRIMERIE ROYALE DE J.-B. PARAVIA ET COMP.
(Fils de I. Vigliardi)
MDCCCLXXXVIII

CARTULAIRE

DE

L'ANCIENNE CATHÉDRALE

DE NICE

PUBLIÉ

par le Comte,

E. CAIS DE PIERLAS

TURIN
IMPRIMERIE ROYALE DE J.-B. PARAVIA ET COMP.
(Fils de I. Vigliardi)
MDCCCLXXXVIII

Ouvrage tiré à 200 exemplaires.

N. 42

PRÉFACE

Notice préliminaire.

Les documents qui pourraient servir pour l'histoire de Nice aux premiers siècles du moyen âge, ne sont pas bien nombreux. Gioffredo en a conservé une partie dans ses deux ouvrages, mais il avait négligé de recueillir tout ce qui méritait de l'être, et encore sa transcription est souvent inexacte.

La destruction d'une partie des archives de Nice a été un des épisodes plus douloureux de la révolution française dans notre ville: un chroniqueur de l'époque en a tracé le tableau. Toselli aussi, qui parle de la destruction des archives du gouvernement, écrit: *Pendant plus de huit jours on marcha sur ces précieux souvenirs de nos anciens privilèges, tous déchirés et à moitié brulés* (1). Datta avait rappelé cet événement par ces mots: *Si racconta che al moto di repubblica avvenuto nel 1793, si passeggiò per otto giorni piovosi nella città su carte e pergamene antiche. Gli archivi vescovili e delle congregazioni religiose furono dispersi e con*

---

(1) TOSELLI. *Précis historique de Nice*, vol. III, p. 41.

essi gran parte di quello del Comune (1). Heureusement pour l'histoire, une partie des archives politiques du comté de Nice avait été transportée à Turin un siècle plus tôt, lorsque notre citadelle, démantelée par Catinat, ne pouvait plus leur donner l'ancien asyle (2).

Aux archives communales quelques pièces ont été sauvées, parmi elles les statuts de la Ville et quelques chartes de nos libertés. Ce fond est maintenant déposé à la bibliothèque municipale et sera bientôt réorganisé sous la direction intelligente et dévouée de notre vieil ami M. Bottero, archiviste et bibliothécaire de la Ville. D'autres richesses historiques se trouvent cependant encore dispersées et ignorées dans notre cité.

Parmi ces dernières nous avons été heureux de découvrir un document de la plus haute importance, qu'on croyait à jamais perdu, le *Cartulaire* de l'ancienne cathédrale de

---

(1) Datta. *Delle libertà del comune di Nizza*, p. 7.

(2) Les archives de la maison de Savoie avaient été transportées dans le château de Nice en 1536. On continua a y déposer les documents plus importants jusqu'en 1553; puis en 1691 les archives ducales, comprenant celles du comté de Nice, furent transportés à Turin et déposées à la cour des comptes. Un inventaire dressé en 1711 prouve qu'une grande partie des anciens documents sur Nice se trouvait déjà aux archives de Turin. On y ajouta ceux portés en 1691, lorsque le 10 janvier 1716 on transporta toute cette collection aux archives dites de la Cour, et on en fit l'inventaire général l'année suivante. Un inventaire du fond « Comté de Nice » a été redigé de 1780 à 1790. Finalement, un inventaire d'addition, rédigé après la restauration, comprend quelques anciennes chartes parvenues depuis cette époque, mais surtout des documents administratifs du XVIII siècle. v. à ce propos Cais de Pierlas, *L'hôtel des monnaies à Nice*, p. 3 note. Bulletin de la société Niçoise des sciences, Nice 1886.

Sainte Marie. Cette cathédrale, dont les ruines se voient encore sur le plateau supérieur du château de Nice, avait été bâtie ou terminée en 1049, d'après le vieil *Obituaire* que nous publierons prochainement, et qui contient la mention suivante : 1 *mai. Consecratio altaris beate Marie anno domini* M. XL. IX [1]. Dans la première moitié du XVI siècle et précisément en 1531, l'église de Sainte Marie, enfermée dans les nouvelles fortifications du château, cessa d'être la cathédrale et le siège du diocèse fut transféré dans la ville basse, à Sainte Réparate. C'est dans les archives capitulaires, attenants à cette dernière église, scrupuleusement examinés à deux reprises depuis un an, que nous avons trouvé ce précieux document, ainsi que quelques anciennes chartes éparses, enfouies, perdues au milieu des papiers, ou contenues dans un sac au fond d'un armoire ; quelques unes avec l'étiquette, *carte inutili*, d'autres avec celle de *carte inutili che si conservano per la loro antichità.*

Ce désordre remonte au commencement du siècle. Les vénérables chanoines du chapitre de Nice, qui nous ont fait un accueil si bienveillant et si affectueux, nous pardonneront de dévoiler ici le triste état où se trouvait ce simulacre d'archives : aucun blâme ne saurait les atteindre, car la tradition ne s'était même pas conservée parmi eux, qu'il y existat des parchemins. Nous tenons au contraire à remercier respectueusement les chanoines Fabre, Emelina et Lubonis,

---

(1) *Obituarium vetus cathedralis Nicensis,* f. 13 r.

dont la complaisance nous a permis de découvrir et de sauver les principales chartes de leur église, mais en même temps nous faisons des vœux pour qu'ils réalisent leur propos de mettre en ordre ce depôt si important pour l'histoire civile et religieuse du comté de Nice.

Le Cartulaire.

L'existence de ce Cartulaire à l'époque où Gioffredo écrivait son histoire des Alpes Maritimes, nous était connue par la mention qu'il fait quelques fois du *vetus Cartularium ecclesiae cathedralis Nicensis*. Ensuite nous en avions trouvé deux feuillets aux archives d'état à Turin, dans le fond *Monaco e Turbia:* la citation faite par Gioffredo des paroles initiales d'une des chartes contenues dans ces deux feuillets, nous avait indiqué qu'il s'agissait bien du *Cartulaire* et nous avions signalé cette découverte [1]. En effet au commencement du siècle passé la maison de Savoie, en lutte avec les Grimaldi, ayant appris qu'un document du Cartulaire était une pièce probante pour leurs droits, n'avait pas hésité à faire arracher deux feuillets du manuscrit et à les faire expédier à Turin.

Dans une première visite que nous fîmes l'automne passé au dépôt du chapitre de Nice, nous découvrîmes six feuillets

(1) Cais de Pierlas. *Documents inédits sur les Grimaldi et Monaco*, p. 4, ed. 1885.

de parchemin, qui par leur format et par leurs caractères paléographiques devaient faire partie du volume dont était le fragment de Turin. On observait sur ces pages la numération faite dans la première moitié du siècle passé et qui allait du chiffre 113 au 126. C'était donc 112 pages qui manquaient encore, sans compter les quatre de Turin, qui n'avaient pas de numération.

Finalement cette année nous avons éprouvé un vrai bonheur en retrouvant le reste du volume, qui depuis longtemps devait être séparé de l'autre fragment, car sur la page 112 se trouvait une tablette avec l'inscription dont nous avons parlé: *carte inutili che si conservano per la loro antichità.*

En rapprochant les trois fragments, on voit très bien qu'ils formaient jadis un seul volume; les paroles *et de oleribus*, par lesquelles débute le fragment de Turin, sont la suite évidente des paroles *de ficubus*, qui se trouvent à la dernière ligne de la page 96 du fragment de Turin.

Peut-être à l'époque où le Cartulaire a été endommagé par l'enlèvement ordonné par la cour de Turin plusieurs autres feuillets se seront perdus, car quelques documents essentiels pour l'église de Nice ne se trouvent pas enrégistrés dans le Cartulaire; peut-être aussi la numération des pages, faite vers la moitié du siècle passé, ne correspond pas à l'ordre dans lequel les chartes étaient originairement disposées: pareillement il est très-probable que le second feuillet du fragment de Turin ne fût pas la suite immédiate du premier, mais plus tôt qu'il formât la feuille de couverture de tout le volume, à cause de son état de délabrement, des taches et de la teinte très foncée qu'il a prise, et qui correspond parfaitement à l'état de maculation de la première page du Cartulaire. Malgré cela, nous n'avons pas cru de changer l'ordre de la numération établie et nous avons mis à la suite l'un de l'autre les deux feuillets en question. Nous avons aussi jugé utile d'ajouter un numero d'ordre à chaque charte du Cartulaire, pour faciliter les recherches et les citations.

Originaux et variantes.

Le Cartulaire de l'église de Nice n'est pas le seul document rélatif aux XI et XII siècle qui existe encore dans les archives capitulaires. Quelques originaux des chartes de ce recueil s'y retrouvent et nous ont été utiles pour constater la fidélité de sa transcription; on trouvera indiquées en note les variantes. De même, à la suite des 93 chartes du Cartulaire, nous en avons ajoutées d'autres assez essentielles, tirées des originaux qui n'y étaient pas consignés, et qui complètent ainsi la série des documents de l'époque.

Un autre manuscrit, rédigé vers la fin du XVI siècle, se retrouve aussi depuis quelques années dans ce même dépôt [1].

---

(1) Grâce a M. le chanoine Delouse.

Il contient la copie de quelques unes des chartes de l'église et embrasse la période du XI au XV siècle (1). Il en est fait mention à plusieurs reprises dans les annotations marginales du Cartulaire par les expression *extat in libro nigro, fol.*; mais il n'a guère d'importance, maintenant que le Cartulaire lui même est retrouvé, soit à cause de son inexactitude, soit parceque aucun des documents qu'il contient ne fait défaut dans le Cartulaire pour l'époque qu'il concerne. Nous devons faire exception pour un acte de 1156 rélatif à la division des droits ecclésiastiques entre l'évêque Arnald et les chanoines, acte qui se trouve presque identiquement répété en 1159 (2). Seulement la finale inédite de cette charte est assez intéressante pour être consignée ici: l'acte se passe, *in monasterio S. Pontii in domo nova, presentibus istis: R. Venciensi episcopo et R. Antipolitano electo et B. abbati sancti Pontii et D[urando] magistro, per quos facta fuit hec confirmacionis donatio. Testes sunt G. de Luceramo, R. de Brau, P. de Lantosca, secum Rostagnus de Carroz, Rostagnus de Berra. Confirmavit autem huiusmodi donationis cartam episcopus canonicis suis, R. Leodegario sacrista, Pontius Malnerio, Ugoni Ademar, Stephano, B. de Loncia, R. Barcella, G. Rollando, G. de Abolena, R. Bosa, P. Isnardo, Fulconi, G. de l'Espital, in ecclesia S. Re-*

(1) Un ms. acquis il y a peu d'années par M. H. Moris archiviste du départ. des A. M. contient les chartes principales de l'église de Nice à partir du XV siècle et pourrait bien être le second volume du *liber niger*.
(2) *Cartularium ecclesiae cathedralis Nicensis*, 86.

parate; astantibus istis; Isnardus presbiter, B. S. Blasii, P. Audebranni, Bernart, Marti[nus] Raynalt, B. de Esa, Adalardo magistro qui tunc regebat studia Nicie, A. Catalanus baiulus episcopi, G. Pontii, P. Francigena. Anno ab incarnacione domini M. C. L. VI.

Gioffredo s'est servi parfois de ce recueil, ainsi que nous le prouve l'erreur de transcription qu'il a commise et que nous avons relevée, par une note au texte, dans la dernière charte de notre collection.

Description du Cartulaire.

Le volume, reconstitué par les trois fragments découverts, est bien le *vetus Cartularium ecclesiae cathedralis Nicensis*, cité par Gioffredo. Sur le dos du dernier feuillet du petit fragment de Nice, se lisent encore, quoique à demi-effacés, les mots: *iste liber est sacristie ecclesie Nicensis*, écriture du XIV siècle; au dessous, en caractères plus anciens et plus gros: *regula beati Augustini glorificata esse.*

Le manuscrit est en bon état de conservation. Il se compose de 64 feuillets de parchemin, de format très égal, ayant 0,34 de hauteur et 0,22 de largeur; l'interligne, réglé à la pointe sèche, mesure 0,09; la hauteur des lettres est de 2 à 3 millimètres. L'écriture en est belle, claire et assez uniforme. Quelques indications marginales ont été faites au commencement du XVIII siècle, peut être en 1708. Le Cartulaire se compose de deux parties : la première, qui commence par les paroles, *Intuentes quomodo audivimus ex lectione apostolica,* écrites en majuscules romaines et qui continue avec les caractères ordinaires, contient d'abord deux traités de S. Augustin. Le premier, contenu dans 13 pages du manuscrit, est précisément le *tractatus I super Evangelium Ioannis :* le second, qui ne comprend que 3 pages, est le commencement du *tractatus II super Ioannem* [1]. Fait suite à ces deux traités la régle de l'ordre des Augustins, *incipit regula sancti Augustini;* puis se trouvent les commentaires à cette règle : *incipit expositio in regula beati Augustini episcopi.* On apprend en effet, par le Cartulaire lui même, que depuis Pierre I les chanoines de Nice étaient affiliés à l'ordre des Augustins, l'évêque lui-même devait être choisi parmi eux [2].

Dans l'inventaire de la sacristie fait vers 1166 par le chanoine Raimond Laugier, pièce qui se trouve dans le Cartulaire même, on trouve le dernier article ainsi qu'il suit : *expositio regule et cartularium insimul* [3].

Ce n'est qu'à la suite de ces commentaires, et à la page 73, que commence la seconde partie, le véritable Cartulaire.

La plupart des chartes porte en tête le titre écrit à l'encre rouge, de la même main et du même caractère que le

(1) *Édition des bénédictins,* tom. III.
(2) *Cart. eccl. cath. Nicensis.*
(3) id. 88.

texte. La rubrique manque à partir de la charte n. 80 ; dans celle-ci et dans la suivante on remarque parfaitement l'espace vide laissé à cet effet, que le copiste a ensuite négligé de combler. Quelques initiales sont à l'encre rouge et sont alors mieux ornementées, surtout lorsqu'il s'agit d'une bulle papale.

Un seul copiste parait avoir fait la transcription de toutes les chartes relatives aux droits de l'église de Nice, à l'exception de l'inventaire de la sacristie dont nous avons parlé, de quelques chartes qui ont été ajoutées dans les blancs qui s'y trouvaient d'abord [1], et de l'annotation suivante qui termine le manuscrit : *L etiam solidos mihi persolverunt monaci pro itinere Romano* [2]. La manière dont cette annotation est libellée, le caractère plus personnel de l'écriture, prouve bien qu'il s'agit d'un autographe et que l'auteur en est Pierre II évêque de Nice, qui fit deux fois le voyage de Rome pour régler les differents avec l'abbaye de S. Pons; c'est au sujet de ce voyage que nous avons trouvé aux archives de Génes [3] un acte passé dans cette ville vers 1191, le 4 mars, qui débute ainsi: *Confitetur dominus Petrus Nicensis episcopus se recepisse mutuo a Lanfranco Ricerio libras de Ianua L, ad opus eundi Romam pro honore ecclesie Nicensis* [4].

---

(1) Ainsi la charte n. 79.

(2) Joffredi *Nicea Civitas*, p. 180, à la suite de la charte qui dans notre Cart. porte le n. 93, a la note suivante, comme si elle était partie intégrale du document : *Monachi persolverunt episcopo expensas factas in itinere Romano.*

(3) *Liber W. Cassinensis notarii* ann. 1191 in 1206 cart. 91 recto.

(4) Cais de Pierlas *Testament de Jourdan Riquieri au* XII *siècle.* Annales de la Société des Lettres des A. M. vol. XII.

L'examen paléographique de l'écriture du Cartulaire, l'inventaire de la sacristie où le volume lui même est mentionné, la note autographe de 1184 à 1191, le fait qu'il ne contient aucune charte postérieure à 1184 ou 1185, prouvent à l'évidence que la plus grande partie du Cartulaire a été transcrite avant 1166, quelques chartes ont été ajoutées vers 1185, aucune n'a été ajoutée après 1191, époque probable du second voyage de l'évêque Pierre à Rome.

Son importance.

Quoique notre Cartulaire ne contienne qu'une centaine de chartes, il a cependant une haute importance, car à peine le quart de ces documents avait été édité par Gioffredo, mais souvent d'une manière incomplète, presque toujours avec de notables incorrections.

Le document, qui présente le plus d'intérêt pour Nice, est celui du n. 48, dont nous donnons le *fac-simile*. Il s'y agit d'un point de l'histoire communale de notre cité, qui jusqu'à présent a été complètement faussé.

Gioffredo disait dans l'histoire des Alpes Maritimes: *I primi che io trovi aver portati i titoli di consoli nella città di Nizza mi si rappresentano sotto l'anno 1108 e sono Raimbaldo d'Orange, Franco Raimbaldo, Laugiero e Guglielmo Assalit* (1). Datta en parlant de l'institution du régime

(1) Gioffredo, *Storia A. M.* vol. II, p. 2.

municipal à Nice, dit, à propos de ce passage de Gioffredo, que celui-ci, *non giustifica la narrazione con documenti; la preziosa fonte a cui attinse il Gioffredo andò perduta* [1]. Il était en effet déplorable que notre historien n'eut pas transcrit un document de si grande valeur; d'autre part il était difficile d'admettre que Raimbald, comte d'Orange, ayant commandé une division de l'armée chrétienne au siège de Jérusalem [2], allié des comtes de Montpellier, en un mot un des plus grands personnages de Provence, eut accepté à Nice le rôle, rélativement secondaire, de magistrat communal. Le Cartulaire est venu résoudre le problème. La charte en question ne parle pas des consuls de la Ville, mais des *potestates Nicie civitatis*, soit des seigneurs de Nice, des vicomtes, qui par cet acte, en vertu de l'autorité féodale, *potestas*, qu'ils possédaient sur la Ville, autorisent et reconnaissent les donations et les ventes que leurs *homines* ont faites ou feront à l'église de Nice. C'est en effet bien plus tard, que les potestats ont été les magistrats de certaines villes, sous le régime comunal ou avec certains privilèges. Dans une charte du cartulaire de S. Victor de l'année 1040 on trouve l'expression *potestates* dans ce même sens [3]. Un diplome de Raimond Bérenger, qui se trouve dans notre Cartulaire [4], fait allusion au privilège accordé à l'église de Nice par les

(1) Datta, *Delle libertà del comune di Nizza*, p. 7.
(2) Beugnot, *Guillaume de Tyr*, p. 45.
(3) *Cart. de S. Victor*, 167.
(4) *Cart. eccl. cath. Nicensis*, 81.

potestates Nicie. Du reste les trois premiers seigneurs ici nommés, *Raimbaldus Aurasicensis*, *Franco*, *Raimbaldus Laugerii* [1] sont trois cousins germains, dont le grand-père était ce *Raimbaldus de Nicia*, qui avait pour frère *Rostagnus vice comes* [2], et dont l'arrière grand-père *Leodegarius*, mari de Hodila, portait le titre de *rector*, soit de *vicomte;* le quatrième seigneur *Guillelmus Assalit* [3], était un quatrième cousin germain; peut-être fils de Raimbald II, ou mari d'une fille de celui-ci, il aura tenu de sa femme l'autorité seigneuriale sur Nice. Gioffredo a encore commis une très grave erreur à propos de ce document, en écrivant *Franco Raimbaldo* et *Laugerio;* il a évidemment confondu le premier avec un consul de ce nom, postérieur d'un demi siècle.

Une autre charte du Cartulaire nous prouve qu'en 1144 le régime municipal était déjà établi à Nice [4].

Deux autres nous prouvent qu'en 1146 il y avait six consuls, au lieu de quatre, comme le dit Gioffredo [5].

Nous arrêterons là nos observations sur l'importance du

---

(1) V. à propos du nom de Laugier l'annotation qui se trouve au texte.

(2) *Cart. de S. Victor*, 659.

(3) Le nom d'Assalit se trouve dans le présent Cartulaire n. 65; dans celui de Lérins a. 1095, en personne de Pierre, p. 283-284; à Vintimille en l'année 1174, en personne de *Robaldus Assalli*. V. Cais di Pierlas, *I Conti di Ventimiglia. Il Priorato di S. Michele. Il Principato di Seborga*, p. 121. Torino, 1884; en 1168 *Gerbertus cognomento Assalit magister hospitalis domus*. v. Beugnot, *Guillaume de Tyr*, p. 948.

(4) *Cart. eccl. cath. Nicensis*, 47.

(5) *Id.* 24 et 25.

manuscrit : la valeur qu'il apporte aux autres Cartulaires de la région résultera mieux, nous l'éspérons, dans notre mémoire sur *le* XI *siècle dans les Alpes Maritimes*, qui a l'honneur d'être publié en ce moment par l'Académie des Sciences de Turin (1).

Chronologie.

La chronologie du Cartulaire présente l'avantage qu'on peut fixer la date de presque toutes les chartes, ou d'une manière sûre, ou avec une grande aproximation, soit par la date explicite, soit par les années du règne des rois de Bourgogne ou des papes, par le nom des témoins, par les autres éléments contenus dans les chartes.

D'autre part, comme dans tous les recueils de ce genre, la chronologie présente aussi dans celui-ci des inexactitudes, rélatives surtout aux jours de la lune, et pour l'indication de l'année elle s'appuye sur le calcul Pisan, sur le Florentin, sur le Vénitien.

L'indication de date plus intéressante qu'on y trouve, est donnée par l'*anno trabeationis domini* (2), formule assez rare.

L'indiction n'est mentionné que dans une seule charte (3)

(1) *Memorie della R. Accademia delle Scienze*, tom. XXXIX.
(2) *Cart. eccl. cath. Nicensis*, 9.
(3) *Id.* 10.

et encore d'une manière fautive; l'année 1018 qui est fixée dans le document par la 25ème année du règne de Rodolphe III, ne correspond pas à la troisième indiction du texte, mais à la première.

Dans cette charte et dans six autres (1), il est fait mention des années du règne de Rodolphe, qui porte la qualification de *rex Alamannorum* ou de *rex Alamannorum in dictione Provincie;* cette formule est différente de celle usitée dans les chartes du cartulaire de S. Victor, où on trouve presque toujours *rex Alamannorum sive Provinciarum;* une seule fois il est intitulé *rex Burgundionum;* ou *regnante in Galliis;* quelques chartes ont seulement *rex Alamannorum.* Pareillement dans six chartes du Cartulaire de Lérins, Rodolphe est qualifié de roi des Allemands et de roi de Provence. Cette double qualité, que lui attribuent les scribes de Provence, résulte des faits suivants: le royaume de Bourgogne relevait de l'empire Germanique; de vastes régions allemandes, entre l'Aar et la Reuss, dépendaient de Rodolphe, ainsi qu'une partie de la Souabe, ancienne *Alémanie*, le Valais, le pays de Vaud, etc.; au midi il en était de même pour Arles, Aix, Nice, etc.

Deux chartes du Cartulaire portent l'indication du règne de Conrad (2).

Dans trente deux chartes on trouve la date indiquée *ab*

(1) *Cart. eccl. cath. Nicensis*, 8, 12, 13, 14, 18, 19.
(2) *Id.* 33, 67.

incarnato domino, *ab incarnacione* etc., ce qui indique généralement que l'année commençait au 25 mars, 7 mois et 8 jours avant nous. C'était le calcul Pisan; ce qui ferait croire que ce dut être la manière habituelle de Provence; seulement nous ne pouvons en donner la preuve, parceque les autres éléments, nécessaires pour fixer l'année, font défaut.

Cinq chartes de l'année 1151 (1) sont datées d'après le calcul Florentin, puisqu'elles se rapportent à l'année indiquée; dans la dernière cependant, la lune ne peut pas être la 20me, comme dans le document, mais la 30me.

La date des chartes 81 et 96 coincide aussi avec l'année qui s'y trouve indiquée; nous avons au contraire la charte 98, qui ayant la date de jeudi 29 janvier 1158, doit cependant se mettre à l'année suivante 1159; car seulement pour cette année là les éléments chronologiques se trouvent d'accord; ce serait donc ici le calcul Vénitien.

Gioffredo a fixé arbitrairement à l'année 1159 la date d'une charte du Cartulaire (2), qu'il a transcrite dans ces deux ouvrages et qui contient l'acte de transaction entre les consuls et l'évêque (3); or cette date doit se fixer en 1157, car seulement en cette année là le 13 d'août coincide avec le mardi; il n'y aurait d'erroné que l'indication du jour de la lune qui était le quatrième en ce jour, au lieu d'être le huitième;

(1) *Cart. eccl. cath. Nicensis*, 26, 27, 58, 59, 57.
(2) *Id.* 87.
(3) Joff. *Nicea Civ.* p. 175 et *Storia A. M.* vol. II, p. 99.

l'erreur de Gioffredo nous est aussi confirmée par le document n. 98 qui nous apprend que les consuls de l'année 1159 ne sont pas ceux indiqués par la charte de transaction.

Finalement nous remarquerons encore une dernière charte (1), qui porte la date de mardi, vingt deuxième jour de la lune, décembre, 1152; il s'agirait donc du 23 décembre de l'année indiquée, seulement dans un autre point du document on dit, que la transaction a eu lieu *in vigilia nativitatis dominice*, ce qui serait le 24 décembre; mais cette anomalie s'explique à cause que Laugier de Gréolières, après l'acte de transaction passé au port de Cagnes, s'en vint à Nice et le lendemain, *in crastinum*, il prêta hommage à l'évêque.

Caractères paléographiques.

Le Cartulaire, ayant été écrit dans la seconde moitié du XII siècle, contient un certain nombre d'*e* portant la cédille de la diphtongue; on la trouve généralement pour les mots, *hec, ecclesia, eterna;* presque jamais à la fin des mots, sauf dans l'inventaire de la sacristie (2), qui l'a pour toutes les diphtongues. Une seule fois pourtant la vraie diphtongue *æ* paraît dans la rubrique d'une charte, qui débute par les mots *vineæ Petri Gaufredi* (3).

(1) *Cart. eccl. cath. Nicensis*, 30.
(2) *Id.* 88.
(3) *Id.* 59.

Les accents se trouvent presque toujours sur les *i* redoublés, quelquefois sur les *i* à côté des lettres qui pourraient générer de la confusion, très rarement sur les *i* simples. Également l'accent se trouve sur les deux lettres similaires du nom de *Sartóólis* (Sartovolis, Sartoul), pour indiquer qu'il faut les prononcer toutes les deux.

L'*esprit rude* se rencontre une cinquantaine de fois dans le volume du Cartulaire. L'emploi qu'il paraît tenir, nous fait voir qu'il occupe la place d'un signe phonique et surtout dans les cas où le lecteur peu instruit pourrait éprouver de l'embarras. C'est ainsi qu'on trouve *subrépit*, *éxpedit*, *párcite*, *excédit*, *ádeo*, *prohibére*, *frigóre*, *óccidat*, *hóbedit*, *répetit*, *talíque*, et les noms propres *Hésa*, *Lablé*, *Rabér*, *Revél*, *Caís*, *Palló*, *Esparró*, *Andaó*. Nous le trouvons aussi vingt fois sur la dernière sillabe des adverbes *tantó* et *quantó*, probablement comme invitation à prononcer l'*o*, que le provençal éliminait, en disant *tant* et *quant*.

La préposition dative *á*, dont on se servait quelquefois dans le latin vulgaire de l'époque, reçoit toujours l'*esprit rude*; ce qui indiquerait que, dès lors, il servait à distinguer cette préposition dative de la préposition ablative *a*; c'est ainsi que le français moderne emploie l'accent grave sur *a* préposition, pour le distinguer de *a* verbe. Nous trouvons d'autre fois encore l'*esprit rude* indiquant l'accentuation et nous apprenant ainsi quelle était la prononciation locale, comme, *multó*, *anclát*, *conditór*, *fiát*.

Le *signum manus* se rencontre une seule fois, c'est dans la charte écrite par *Undilanus* qui se qualifie de *sacerdos palacii* (1).

Dans deux chartes on trouve le *subscripsit*, indiqué en abréviation par un *s* répété plusieurs fois (2).

Dans cinq chartes le nom des témoins se trouve précédé par un signe, consistant dans un *P* majuscule, auquel est attaché en dessous une croix. C'est une espèce de *chrisma*, indiquant en même temps la parole *signum* (3).

Orthographe et style.

L'orthographe du manuscrit est des plus incorrectes, mais la faute n'en est pas au copiste, car les quelques originaux qui se trouvent encore aux archives capitulaires, ont permis de constater l'étonnante fidélité de la transcription. Malgré ces défauts, comme il s'agit d'un document d'une respectable antiquité, nous avons cru préférable de ne rien corriger au texte du Cartulaire, pour lui laisser entièrement la physionomie que lui ont donné soit l'époque, soit la région où les chartes ont été écrites ou copiées.

Le style aussi se ressent du barbarisme de l'époque, non seulement lorsqu'il s'agit de donations peu importantes, mais

(1) *Cart. eccl. cath. Nicensis*, 12.
(2) *Id.* 12, 14.
(3) *Id.* 12, 13, 14, 18, 19.

aussi quand l'objet de l'acte et les personnages qui y prennent part sont considérables. On a peu d'exemples de bon style, à l'exception de la donation de Drap, faite par l'évêque de Vaison et de celle de certains seigneurs de la vallée du Var, où dans les deux chartes se trouve la même *arenga* et la même *invocatio.*

Langue des chartes.

L'ignorance du latin est prouvée, non seulement par l'incorrection dont nous venons de parler, mais aussi par le fait, que lorsqu'il s'agissait du serment de fidélité que les seigneurs devaient prêter, la formule en était généralement dictée en langue Romane, dans le but certain que, soit le principal personnage soit les autres assistants, comprissent parfaitement les obligations et les promesses du seigneur. Nous avons quatre exemples de tels serments; celui prêté vers 1109 par Bertrand et Jausseran son frère, fils de Laugier Rostaing, pour les dîmes de Levens (1), qui ne contient que peu d'expressions en langue vulgaire; après l'exposition de l'accord entre ces seigneurs et Jean prévôt de la cathédrale, la charte nous dit que ces premiers *iuraverunt ita dicendo : Aus tu, Johannes prepositus et tu Rostagnus Gigo*

(1) *Cart. eccl. cath. Nicensis*, 44.

qui per manus nos tenes, ego Bertrannus Laugerii et ego Gaucerannus frater eius, nos iuramus, etc. Au contraire trois autres serments prêtés de 1074 à 1115 donnent une idée plus complète de la langue parlée (1). Dans le premier, les seigneurs disent à l'évêque : *Aus tu, Raimun Nicensis episcope, ego..... eu nun ti descebrai de tua vita neque de tuis membris que ad corpus tuum iuncta sunt, ni non ti descebrai del castel de Drap, del bastiment que faits i es, ni in antea factus hic erit per nomen de castello.* Ce n'est pas le seul cas où on remarque des traces de la langue Romane se faufilant au milieu du latin dans les documents du Cartulaire, car de temps en temps des lambeaux de phrase s'en retrouvent, sans doute lorsque la phrase latine faisait défaut au rédacteur, ou lorsqu'il s'agissait d'indiquer avec précision des noms de localités. Nous citerons les expressions : *La terra del pont primer daves la Bufa* (2); *la masura de Petra Cerea* (3); *al pas de la morba* (4); *lo quarton de decimis de la Turbia* (5); *lo quartone de una partida de clauso Campi longi* (6); *al ras lo serre* (7); *il zera* ou *il ceran*, pour *lou serral* ou *lou serre* (8); *in suburbio dels matz* (9);

(1) *Cart. eccl. cath. Nicensis*, 83, 84, 85.
(2) *Id.* 16.
(2) *Id.* 89.
(3) *Id.* 89.
(4) *Id.* 46.
(5) *Id.* 35.
(6) *Id.* 89.
(7) *Id.* 50.
(8) *Id.* 53.

al Raber (1); *alla colla dels sperons* (2); *als gips* (3); *la molre de illo* (4); *arma* pour *anima* (5); *la terra comitare* pour *comitale* (6); *a la vouta; una pecia de prat* (7); *la vinea dels Cairos* (8).

Noms des personnes.

Le Cartulaire offre un tableau très intéressant des noms de famille. On voit d'abord que le *gentilitium* Romain s'est perdu dans notre région, tandis qu'on trouve encore la réflexion de l'élément Germanique dans les plus vieux documents; ainsi *Raganulfus, Valdebertus, Jatbertus, Teudbertus, Guinibertus, Adalfredus, Autrigus.* Le seul prénom existe alors; le nom du fils ne rappèle en rien celui du père: *Amicus de Colcia* fils de *Bonifilii, Drictus* fils de *Cudanedo, Dominicus* fils de *Barnaldo, Durantus* fils d'*Asten.* A la génération suivante au prénom personnel s'ajoute souvent le nom du père, *Cebaldus Durannus,*

(1) *Cart. eccl. cath. Nicensis*, 89.
(2) *Id.* 40.
(3) *Id.* 53.
(4) *Id.* 89.
(5) *Id.* 16.
(6) *Id.* 19.
(7) *Id.* 10.
(8) *Id.* 53.

Martinus Rostagnus, Rostagnus Ingelbert, Poncius Bonifilii, Guillelmus Ermenaldi, système qui constituera un siècle plus tard les noms définitifs des familles.

D'autres prénoms sont suivis d'un surnom indiquant la profession, le caractère personnel, une particularité, etc. généralement à tournure latine, comme *Mainerius, Vector, Calligerius, Medicus, Faber, Grammaticus, Murator, Garnerius, Malclavellus, Brunus, Calvus, Flavius, Pelat, Plantaporris, Clemens, Bonuspar, Bonoanno, Malumnomen, Malcontadi, Porcel, Bos, Alemannus, Bergondius, Cor in Deu, Dona Deu.* D'autres prénoms, surtout vers la fin du même siècle, sont suivis du nom de village, sans qu'il soit toujours facile de distinguer s'il s'agit du pays d'origine ou de titre seigneurial. On trouve *Amicus de la Gauda, Laugerius d'Aspremont, Aldebertus de Montolivo, Amedeus de Ungran, Guillelmus dal Aura* (1), *Poncius de Crocis, Iohannes de Poieto, Isnardus de Reilania, Petrus et Poncius de Jun.* Parfois aussi le nom d'une région près de Nice se confond avec celui d'une famille; *Arbaudo, Astengo, Serena, Carabassel, Riquier, Caras, Baratteri* (2).

De ces différentes manières naissent et se fixent, au commencement du XII siècle, les noms de famille.

---

(1) Cfr. G. DE AUREA, *Cart. de Lér.*, 141 et J. DE HORIA en 1292, *Archives de Peille*, Série BB.

(2) *Caras* près de Var, probablement de la famille Caracii, anciens seigneurs de Châteauneuf; *Barattié*, nom d'une region de Beaulieu, ainsi que de la famille Barattieri, d'après d'autres documents

Mais il est très-remarquable que les familles vicomtales ou celles des grands vassaux ne prennent guère de nom patronymique, à cause de leur haute position et qu'on découvre presque chez elles le désir de ne répéter que le prénom; il se produit un fait analogue, par une cause opposée, chez les familles populaires, caslans, tenanciers et autres, qui ne sentant aucun besoin de garder le souvenir d'un nom obscur, ou l'utilité de distinguer les ramifications de la famille, ne cherchent pas d'abord à fixer leur nom. Au contraire les familles consulaires, celles des petits vassaux, celles des *milites*, sont les premières à posseder un nom de famille, souvenir d'un prénom illustré, où d'un nom ancien.

En effet dans les chartes du Cartulaire on trouve, de la moitié à la fin du XI siècle, les prénoms de *Leodegarius Rostagni, Guillelmus Rostagni, Bertrandus Laugerii, Gaucerandus Laugerii, Paulus Raimbaldi, Franco Raimbaldi.* Ce sont les descendants des premiers vicomtes, qui ajoutent à leur prénom celui du père; or comme on donne généralement au petit fils le prénom de l'aïeul, il finit souvent par arriver pour certaines branches, qu'un prénom, après quatre ou cinq générations, devient le nom patronymique de famille.

On en trouve quelques exemples dans notre région, quoique en général les familles seigneuriales portent le seul prénom et l'indication de leur seigneurie, lorsqu'il s'en agit dans un acte; ainsi *Beuil, Glandèves, Val de Bloure*, etc. Pour les familles d'un rang féodal, moins élevé, ou pour celles des *milites*, nous les voyons prendre bien vite un nom fixe, parfois celui de leur fief, comme celles *de Reilania, de Castronovo, de Iloncia, de Maria, de Rigaud, de Falcono, de Revest, de Ferris, de Isia, de Berra;* d'autre fois c'est une espèce de surnom, ainsi les fils du seigneur de Villevieille, en 1109, donnent naissance aux familles *Talona* (1) et *Isnardi.* Pareillement, on trouve à cette première période les noms de *Guigo Bovet* vers 1075; de *Pons Ausannus* vers 1078; de *Pierre Episcopus* ou *de Episcopo* vers 1075; de *Raimbaldus Pauli* (2) en 1081, ainsi que de *Raimbalt de Paulo* à la moitié du siècle suivant; de *Guillaume Ermenaldi* en 1081; de *Pierre Cais* en 1157, et ailleurs de *Bernard Caixus* témoin à Valdebloure vers 1050 (3); de *Benedict Arbaldi* (4) vers 1078; de *Rostaing Guigo* vers 1109; de *Bermond Giraldi*, de *Richerii*, de *Guillaume Assalit*, à cette même époque.

Dans une seconde période surgissent les *familles consulaires*; on y trouve de 1144 à 1184 neuf individus portant le nom de *Bada, Badadus* ou *Badatus* (5); sept celui de *Ricardi* ou *Richardi;* quelques autres portant les noms de *Serena, Ruffi* (6), *Bermundi, Aldebrandi, Ermenaldi, Gisberni, Asten, Bernardi.*

---

(1) *Jean Talona*, notaire de Nice en 1405. *Lib. nig. cath. Nic.* p. 162.

(2) Tige de la famille *de Poli*, dont diverses branches se sont étendues de Nice à Carpentras, Avignon, Turin. v. D'Hozier, *Ms. de la Bibl. nationale à Paris.*

(3) Bibl. Royale de Turin. *Ms. di Storia Patria*, vol. 57.

(4) *B. Arbaudi*, jurisconsulte en 1310. Ms. Bonifacy, Bibl. de Nice.

(5) Dérivé p. e. de *Petrus Badalt* en 1074. V. *Cart. Lérins*, p. 157.

(6) Qui est devenu Roux, d'où probablement la famille Roux-Tonduti.

Ensuite dans une autre catégorie, vers la fin du XII siècle, on remarque la formation des noms de famille de *Martini*, de *Garin*, de *Hongran*, de *Gras*, de *Gioffredi*, de *Fabri*, de *Gili*, de *Bovis* (1), etc. qu'on retrouvera ensuite dans l'histoire de Nice.

Nous ajouterons encore, à propos des noms, qu'il s'en trouve une trentaine avec les deux formes latine et romane, ce qui présente un certain intérêt pour l'étude de la langue qui se parlait alors en Provence.

Topographie et géographie.

Le Cartulaire démontre que beaucoup de noms des quartiers de Nice existaient dès le XI siècle. Nous citerons les régions suivantes: *Monte gros; la Bufa; Fonte Calida; als Gips prope flumen Pallionis* (2)*; Carabassel; Astengo* (3)*; Mons Bonosus*, maintenant *Mont Boron; Campus Longus; Campus Marcius* (4)*; Chimela, Chimers, Cimers; Arisana; Poiol* peut être *le Piol; Calvairolas* ou *Caldairolas*, qualifié de *mons*, évidemment *Mont Chauve* ou *Mont Chaut*. Nous trouvons *Pierre* et *Pons de Jun*, qui pourraient bien

---

(1) *Cart. cath. Nic.*, 39 *P. Bos de Angulo* (Anglos près de Thorame).

(2) Probablement les *gipiera* d'à présent.

(3) Les *Fossas de Astingo* étaient les Fosses près de S. Jean de Villefranche. V. *Nicea Civ.* p. 215.

(4) Nom identique à la vieille appellation de la plaine de S. Michel à Marseille.

avoir rélation avec le hameau de Châteauneuf qui porte le nom de *Bendéjun*, parole qui se décompose si bien en langue romane en *ben de Jun:* étymologie qui vaut peut être celle admise de *bonæ deæ Junonis*. La localité, près de S. Pons, appelée *dels Matz* dans le Cartulaire, est le *burgum de Mas* dont il est question dans une bulle de pape Innocent (1). La région de *Roqua plana* est indiquée à propos des réparations des murailles de Nice en 1361 : *a portali Roquae Planae usque ad portale de l'Eysciugador* (2). L'église *Sancti Torpetis* est celle de S. Tropez, *in ripa Nicie*, dans la donation à Lérins par Archimbald évêque de Nice en 1074 (3) reprise par les chanoines, puis restituée à l'abbaye, d'après deux bulles papales (4). Vers 1191 Pierre évêque de Nice donne en gage à Lanfranc Riquieri de Gênes, *condaminam que est prope ecclesiam S. Torpetis et extenditur usque ad litus maris* (5).

Les noms des villages nommés dans le Cartulaire appartiennent presque tous au diocèse de Nice ; il ne se présente donc guère de difficulté à les identifier, excepté quelques noms qui représentent des localités peu connues ou des châteaux et hameaux maintenant détruits. Ainsi nous trouvons *Luda* ou *Loda*, ancien fief de la famille Tournefort, maintenant paroisse de S. Arnoul sur le territoire de Lantosque.

(1) Jofr. *Nicea civ.*, pag. 215.
(2) Gioffredo, *Storia A. M.*, vol. III, p. 313.
(3) *Cart. de Lérins*, p. 156.
(4) *Id.* p. 306 et 338.
(5) Cais de Pierlas. *Testament de Jourdan Riquieri au* XII *siècle.*

A Roquebillère nous trouvons *Gordolo*, l'église de Gordolon au midi de ce village, ainsi que *Gastum* ancienne église de cette commune, donnée en 1141 par Pierre évêque de Nice à l'ordre de S. Jean de Jérusalem [1].

Manoinas, hameau du territoire d'Utelle, sur les limites de Venanson et de Marie, inféodé en 1370 à Réné Blanqui maître de la garderobe royale [2].

Roquesparvière, château détruit à l'est de Duranus, commune d'Utelle.

Mancel, château détruit, probablement peu éloigné du précédent.

Mortizonum, sans doute le Mortisson, région au midi de Lucéram, près de Toët.

Bonvillar ; il existait une église et un hameau de ce nom à S. Pierre de Figette, canton d'Entrevaux ; mais celui-ci doit être le hameau du territoire de Lucéram.

Braus, *Bravo*, *Brau*, ancien château, dont l'église de S. Laurent était une dépendance de l'ordre de S. Jean. Le 8 octobre 1272 le commandeur de Braus transigeait avec la Commune, en lui promettant de participer aux charges que le comte de Provence pourrait imposer [3].

Laura, ailleurs *Auria*, *Horia*, *Oire*, S. Augustin d'Oira, localité nommée dans le Cartulaire de Lérins [4]. Sur cette

(1) Jofr. *Nicea Civ.* p. 108.
(2) Gioffredo. *Storia A. M.* vol. III, p. 307.
(3) Archives d'état à Turin, *Nizza et contado*.
(4) *Cart. de Lérins*, p. 177.

même commune se trouvait aussi *Hongran supérieur* et *inférieur*, qui corréspondent à S. Jean et S. Siméon d'Hongran.

Columars, peut-être *Columbaris*, est le hameau de Colomas, fraction d'Aspremont, en face de Gattières [1].

Agramontis, Aigremont, nom de l'ancien château de S. Laurent du Var, ancienne dépendance de l'ordre de S. Jean et en 1486 appartenant à l'évêque de Vence [2]. Raimond d'Aigremont de notre Cartulaire [3] est celui signé en 1147 [4].

Alagauzia, la Gaude sur la rive droite du Var.

Orbasach, donné en 1030 à S. Victor, par Pierre évêque de Sisteron [5].

Albasana, *Albasaina*, *Albasagna*, probablement les Sagnes ou S. Marguerite près de l'embouchure du Var, puisque notre Cartulaire dit: *Albasana videlicet sancta Margarita* [6].

Ecclesia S. Ioannis Baptiste, peut-être l'église de S. Jean de Caras, d'où partaient deux routes, une allant aux scieries du Var, l'autre plus vers le Nord qui s'appelait *lei cavalcadei* [7].

Monte Olivo; ce village devait se trouver au nord-est de Villefranche, tandis que la *villa de Olivo* était située à l'est entre S. Jean et la rade de Villefranche, qui s'appelait *Portus Olivi*.

(1) *Cart. eccl. cath. Nicensis.*
(2) Archives d'état à Turin, *Nizza e contado.*
(3) *Cart. eccl. cath. Nicensis*, 28.
(4) *Cart. de Lérins*, p. 96.
(5) *Cart. de S. Victor*, 794.
(6) *Cart. eccl. cath. Nicensis*, 2.
(7) CASALIS. *Diz. Geog. degli Stati sardi.* v. CARAS.

Mirindol, ancien château au confluent du Paillon et de la vallée de S. André.

Lac, ailleurs *Lax*, *castrum de Laco*, *de Laceto*, château détruit, à Laguet, donné à S. Victor par Raimbald de Nice [1].

Andobium, S. Nicolas d'Andobie, ancien château sur le territoire de S. Martin Lantosque, près des pâturages du *Ciastel*, qui dépendaient de S. Dalmas en Val de Bloure et appartenaient aux seigneurs de cette vallée.

Pedastas, ancien château fort de ces mêmes seigneurs; il éxistait où se trouve maintenant la chapelle de S. Donat en Val de Bloure.

Alluc, ailleurs *Allochio*, S. Jean d'Alloche, petit sanctuaire à l'est du village de la Tour.

Rossillon, probablement hameau de cette même commune.

S. Pierre de Canz, ancienne église sur la rivière le Cians, territoire de Rigaud; elle est mentionnée comme *S. Petri in Canno de loco Rigaldo* dans la bulle de pape Innocent IV en 1246 [2].

Près de Rigaud se trouve probablement la localité de *Monte aureo*, mentionnée dans le Cartulaire, qui serait la montagne de Mairolas au dessus du col de Dina, où la tradition locale parle d'une riche minière d'or.

---

(1) *Cart. de S. Victor*, 792.

(2) Mon. hist. patr. Scriptorum, *Fragmenta chronicae antiquae civitatis Pedonae*, praef.

Pirlas, Pierlas, ancienne dépendance de l'ordre de S. Jean de Jérusalem. Le 18 janvier 1338 frère Bertrand Feraudi commandeur de l'hôpital de S. Laurent du Var transigeait pour les dîmes, avec cette commune [1].

Uels est l'ancien nom d'Utelle, comme *Leudola* est celui d'Isola, *Leuca* de Lieuche, *Mansohis* de Massoins.

Caldila, peut être *Codoles, Caudol de Thenias* [2]. *Caldol..... in valle que vocatur Cainan* [3], Chaudoul sur le territoire de la Penne, ou *ecclesia S. Petri de Codolis* sur le territoire de Briançonnet [4], ou *Ciaul* sur le territoire de la Tour [5]. On ne peut pas le confondre avec l'ancien château de *Codolis*, maintenant *Quous* au dessus de Molinet, canton de Sospel, appartenant, comme celui de *Lamenor* [6], aux comtes de Vintimille jusqu'à la moitié du XIII siècle.

Litore, peut être *li torre*, La Tour.

Plastra, peut être *Piastra* au sud de Lucéram [7].

Lablé; une localité de ce nom se trouve au Villar.

La Pineda, peut être la région de ce nom à l'Ariane, près du village de la Trinité.

---

(1) Arch. d'état à Turin. Ms. de GIOFFREDO, p. 257.
(2) R. FERAUD D'ILONSA. *Vie de S. Honorat*, edit. 1874, p. 163.
(3) *Cart. de S. Victor*, 783. Charte intitulée, *de Bono Vilare de Timas* (l. Tinias).
(4) *Cart. de Lérins*, p. 196.
(5) BARTOLOMEIS. *Statistica degli Stati sardi.*
(6) Carte d'état major Italien.
(7) Carte d'état major Français.

La Villa Talla; une localité de ce nom se retrouvait sur la colline du château de Nice, mais comme dans le Cartulaire il s'agit de plusieurs sétiers de terre, on doit plus tôt l'identifier avec le village de Guillaume, qui portait anciennement ce même nom.

CARTULARIUM

ECCLESIAE CATHEDRALIS NICENSIS

FAC-SIMILE DU CARTULAIRE DE LA CATHÉDRALE DE NICE

CHART. 48.

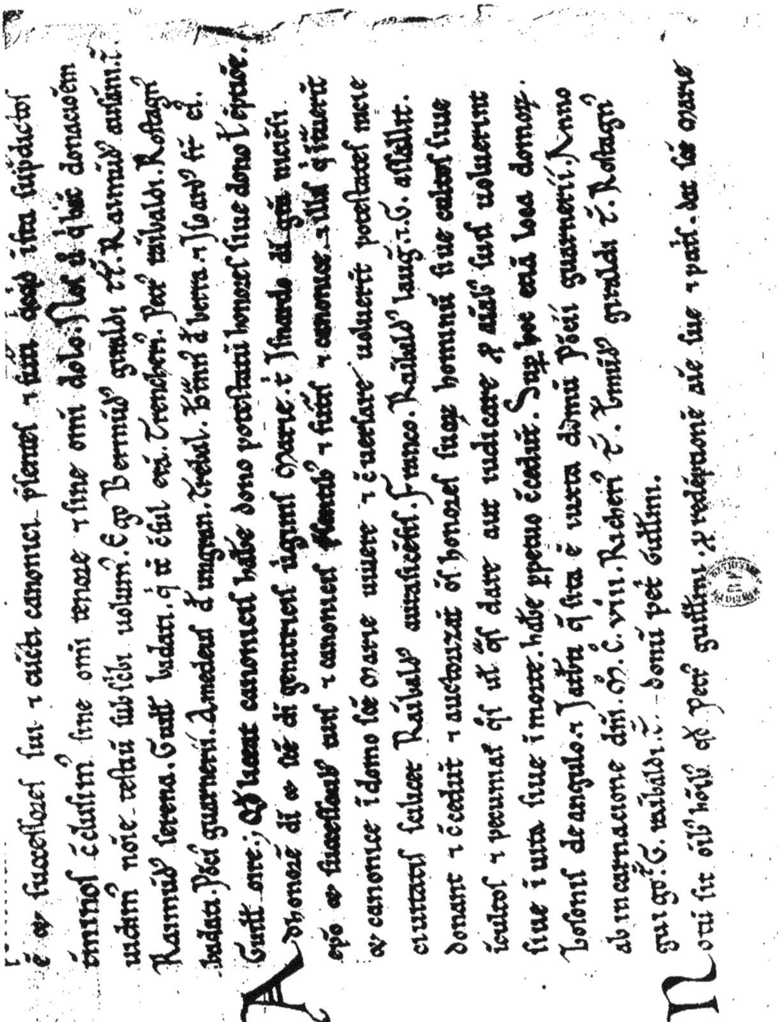

e et successores sui et cuncti canonici presentes et futuri [illegible] ista supradictos
terminos conclusimus sine omni tenore et sine omni dolo. Nos etiam qui hanc donacionem
vidimus nomine testium subscribi volumus. Ego Bermundus giraldi testis. Raimundus ausini testis.
Raimundus serena. Guillelmus badati, qui tunc consul erat. Trencherii. Petrus raibaldi. Rostagnus
badati. Poncius guarnerii. Amedeus de ungran. Trebal. Bertrannus de berra et Isoardus frater eius.
Guillelmus orte. Quod liceat canonicis habere dono potestatum honores sive dono vel emptione.

Ad honorem dei et sancte dei genitricis virginis Marie. Tibi Isnardo dei gratia nicensi
episcopo et successoribus tuis et canonicis presentibus et futuris et canonice illis qui intuerint
et canonice in domo sancte Marie vivere et conversare voluerint potestates niciensis
civitatis scilicet Raibaldus auraicensis. Franco. Raibaldus laug. et G. assallit.
donant et concedunt et auctorizant omnes honores suorum hominum sive cultos sive
incultos et pecunias quas vel quos dare aut iudicare pro animabus suis voluerint
sive in vita sive in morte. habere perpetuo concedunt. Super hoc etiam loca domorum.
Bosonis de angulo et Jacobi que sita est iuxta domum Poncii guarnerii. Anno
ab incarnacione domini M. C. VIII. Richerii testis. Raimundus giraldi testis. Rostagnus
guigo. G. raibaldi testis. domnus petrus guillelmi.

Notum sit omnibus hominibus quod Petrus guillelmi pro redemptione anime sue et patris. dat sancte Marie

CARTULARIUM

ECCLESIAE CATHEDRALIS NICENSIS

1.

*Donum quod Ysnardus episcopus dedit canonicis * in commune viventibus.* f° 73.

Ego Isnardus Dei nutu factus Nicensis episcopus, videns ecclesie nostre beneficia, non pro utilitate ipsius ecclesie, sed pro voluntate clericorum inter se dividentium et male utentium consumpta, nimio cordis dolore commotus et Dei timore et amore compunctus, quesivi et querendo Deo gratias ordinavi, ut ecclesiastici redditus usibus fratrum Deo servientium et in canonica societate normaliter vivencium cederent; quos ut eis perpetuo tenore sine ulla retractatione pervenirent, hac subscriptione notari feci. Sunt autem ecclesiastici fructus canonicorum, omnes decime totius Nicie, excepta que reservanda est Episcopo decimarum sexta parte, et preter decimas pontificalis dominicature. Mortalagium vero totum. Et ut bre-

1108 2 iul.

1 Cais.

viter concludam, omnes oblaciones Nicensis ecclesie, exceptis oblacionibus episcopalium missarum pro defunctis. Medietate autem omnium synodalium reddituum. Set et omne mortalagium et receptus horum castellorum subscriptorum: Levenni, Caude rase, Comitis, Rupis, Toeti, Comitis, Berre, Luccrami, Ungraini superioris, Turbie, Hese. Itaque decime Comitis et Comitis, decime Levenni. Preterea si decimas episcopatus, annuente Dei bonitate, recuperare potero, partem earundem decimarum canonice nostre ecclesie concedere statuo.

Huius autem nostre institutionis si quis refragator fuerit, sciat nostre maledictionis et excomunicacionis se subiacere periculo.

Statuti vero nostri facta est descriptio VI nonas iulii, feria V, anno ab incarnacione domini nostri Jhesu Christi M. C. VIII.

Petrus Senecensis episcopus testis. Petrus Venciensis episcopus testis. Ubertus Glandetensis episcopus testis. Datilo prepositus Glandetensis testis. Wilelmus domus Sancti Jacobi prelatus testis.

2.

f° 74. * *Donum Petri episcopi quod fecit Canonicis in unum viventibus.*

1137. Anno ab incarnacione domini MCXXXVII. Ego frater Petrus Dei nutu factus Niciensis ecclesie episcopus, videns ecclesie nostre beneficia non pro utilitate ipsius ecclesie sed pro voluntate clericorum inter se dividentium et male utentium consumpta, nimio cordis dolore commotus et Dei timore et amore compunctus, quesivi et querendo Deo gratias ordinavi ut ecclesiastici reditus usibus fratrum Deo servientium et in canonica societate sine proprio et enim super pelliciis vivencium cederent; quos ut eis perpetuo tenore sine ulla retractio provenirent, hac subscriptione notari feci. Sunt autem ecclesiastici fructus canonicorum omnes decime tocius Nicie, excepta que reservanda est episcopo decimarum sextam partem; et preter decimas pontificalis dominicature. Mortalagium vero totum, in quo nichil sibi retinuit et omnes primicias et omnes oblaciones, excepto auro quod offeretur ad missam, et medietatem autem omnium sinodalium reddituum. Sed et omne mortalagium et receptus et decimas horum castellorum supscriptorum, et qui in venturo tempore adquiri potuerint. Scilicet quorum castra hec sunt nomina: Leven, Caude rase, Commitis, Rupis, Toeti, Commitis, Berre, Luceranni, Ungranni superioris, Turbie, Hese. Et etiam sacerdotum intracionem, ut per eorum manus in predictis castris constituantur. Insuper dedit eis omnes ecclesias de Olivo, cum omnibus eiusdem pertinentibus; et ecclesiam Sancti Torpetis, cum omnibus apendiciis suis; et ecclesiam de Albasana, videlicet Santa Margarita, cum omnibus sibi pertinentibus; et ecclesiam Ville veteris, cum omnibus apenditiis. Huius autem nostre institutionis, si quis refragator fuerit, sciant se nostre maledictionis atque excommunicationis subiacere periculo.

3.

Filii Petri Isnardi, Ysnardus, Guillelmus, Petrus, Raimundus dederunt ecclesiam Sancte Marie Ville veteris Johanni preposito et canonicis.

1109. Anno ab incarnacione domini M.C. nono. Constat nos Isnardus et Guilielmo Talona et Petrus Autrigo et Raimun-
f° 75. dus, filios quondam Petri Isnardi dedisse et reliquisse vobis* preposito nomine Johannes et canonicis vestris Sancte Marie, qui ad presens estis vel deinde futuri erunt, totum illud quod ad presens attinet ecclesie que vocatur de Villa vetere vel amodo per quodlibet ingenium ad eam supradictam ecclesiam adquiri vel adiungi poterit, uti vos et successores vestri habeatis et teneatis sine omni nostra et successorum nostrorum contradictione. Huic autem donationi interfuerunt quamplures, quorum unus fuit Vidianus de Castelnovo, Bermundus Isnard atque Richerius et Bermundus qui vocatur Girald, Rostagnus Gigo.

4.

Donum Petri episcopi de ecclesia Ville veteris quam canonicis dedit.

1148. Anno ab incarnacione domini nostri Jhesu Christi M. C. XL. VIII. Tam presentibus quam futuris pateat hominibus quod ego Petrus, nutu Dei factus Nicensis episcopus, quadam infirmitate detentus, videns hutilitatem ecclesie, et fratrum nostrorum Niciensium canonicorum, do eis ecclesiam beate Marie Ville veteris cum omnibus ad se pertinentibus, quam prius in inicio canonice regularium institucionis eis concesseram et post ea in presencia Petri Antipolitani episcopi dederam, sed adhuc mihi retinebam. Nunc iterum, pro redemptione anime mee, reddo eam canonicis presentibus Petro Michaeli, Johanni Dodonis, Ugoni Ademaris, Rodlando, Magistro Durando, Raimundo Ugoleni, Raimundo Laugerii, Raimundo Abolene, Bertranno de Iloncia, Willelmo Rollandi; ipsosque possessores eidem ecclesie constituo et Arnaudus noster canonicus, qui eam per me habuerat, in presentia mei eam per manus iam dictorum canonicorum accepit. Huius autem donacionis atque confirmacionis, si quis destructor aut refragator fuerit, sciat se nostre maledictionis atque excomunicationis subiacere periculo, atque eum destruat sicut destruxit Datan et Abiron, quos terra obsorbuit, divina maledictio.

5.

Leodegarius dedit Sancte Marie medietatem de Albasania et de Sancta Margarita.

In Dei nomine et individue trinitatis. Ego Leodegarius, c. 1070.
filius Raimbaldi, dono ex hereditate mea ad beatam Dei

genitricem Mariam, cuius ecclesia fundata est in urbe Nicensi, medietatem de territorio et de castro que nominant Alba-
f° 76. sania* et medietatem de villa Sancta Margarita, cum omnibus suis ad se pertinentibus pascuis, silvis, garricis, paludibus, aquis aquarumque decursibus et in villa que dicitur Columbaris de ipsos aloderios unam medietatem beate Marie, de illa parte qui michi obvenit et omnia que iniuste in honore beate Marie ego feci et illas omnes consuetudines malas que semper faciebam ab integrum relinquo; ita ut neque ego neque filiis meis amplius faciemus propter Dei amorem et remedium anime mee et patri et genitricem meam et parentum meorum, ut dominus donet indulgenciam de cunctis peccatis nostris. Sanet si quis ego aut filiis meis vel ex heredibus meis vel ulla obposita persona, qui hanc donationem a me facta irrumpere aut inquietare voluerit, non hoc valeat vendicare, sed ira Dei omnipotentis super illum descendat et a corpore et a sanguine redemptoris nostris separamus et a consortio sancte religionis christiane disrumpimus et cum impiis retrudantur in claustris inferni.

Signum Leodegarius, qui hanc donacione fecit et firmare rogavit. Signum Bertrannus filius eius. Signum Rostagnus frater eius. Petrus episcopus frater. Amicus frater. Willelmus frater.

6.

Laugerius reddidit episcopo et canonicis ecclesias de Olivo.

In Dei nomine ego Laugerius Rostagnus ecclesiam c. 1075
Sancte Marie et Sancti Johannis de Olivo reddo ecclesie Sancte Marie Nicensi, episcopo in primis et suis canonicis presentibus et futuris; et dotem reddo et confirmo qua pater meus Rostagnus dotavit ecclesiam sancti Johannis tempore Nitardi Nicensi presulis et ecclesie sancti Boni pastoris. Et hoc bona fide, sine aliqua fraude, facere desidero et facio, ne elemosina mei patris anime sue vertatur ad penam, sed prosit illi et michi pietatis Christi miseracio ad veniam. Hoc donum Deo adiuvante semper firmiter tenebo, nec pro lucro unquam variabo, sed in auxilium ero sancte Marie in primis et presuli et suis canonicis; et si non meminero istius doni, adhereat lingua mea faucibus meis. Istius autem ecclesie sancti Johannis de Olivo et datis quam reddo sancte Marie Nicensi, presuli et canonicis sunt testes: Cebaldus Durannus et Lambertus frater eius. Willelmus et Bonefacius, filii Lotardi de Monte Olivo. Raimbaldus de Pal testis. Petrus Episcopus. Poncius Bonfil et omnes * ho- f° 77.
mines Nicensi civitatis sunt testes recti verborum Laugerii Rostagni (1).

(1) Hic 27 lineae cod. omnino abrasae fuerunt.

7.

Laugerius reddidit episcopo et canonicis ecclesias cum decimis de Levens, de Rocheta, de Villario, de Mirindol.

c. 1078. Olim dum anticorum iungebat sublimitas, non erat oppus ut quislibet prenotaret litterulas. Ego quidem Laugerius Rostagnus et uxor mea Ermengarda videlicet et filios vel filias meas damus et concedimus quantum nos iniuste suscepimus de sancta matre ecclesia in beata Dei genitricis (1)
f° 78. virginis Marie Cimelensis nec non et Nicensis, * totum illi reddimus, ut ipsa pro nobis intercedat ad dominum Deum nostrum, ut dimittat nobis peccata nostra. Sunt autem ipsas res in supradicto episcopatu ipsam decimam quod est in castro qui nominatur (2) Levent, vel in Roqueta, et in Vilario et in Mirindolio, vel in his supradictis locis, cum omnibus (3) parrochiis seu apendiciis suis, ipsas decimas cum ipsas ecclesias totum Deo et beate Marie Virginis et omnium sanctorum reddimus et relinquimus et super sanctum altare ponimus et in manu Archimbaldi episcopi vel suis canonicis relinquimus. Sane si quis nos aut ex heredibus nostris aut ulla obposita persona, qui hanc donationem inrumpere vo-

(1) Autogr. *genetricis.*
(2) Autogr. *que nominant.*
(3) Autogr. *hominibus.*

luerit, non valeat vindicare, sed in ira Dei omnipotentis incurrat. Et ex auctoritate Dei patris et filii et spiritu sancti et beate virginis Marie et omnium sanctorum et domni pape et nostre auctoritatis et canonicorum nostrorum excommunicamus et ad sanctam matrem ecclesiam sequestramus, et a corpore et sanguine domini nostrî Jesu Christi separamus. Signum Laugerius Rostagnus firmavit et firmare rogavit. Signum Rostagnus testis. Signum Poncius Raimbaldus [1] testis. Signum Isnardus Reilaina testis. Signum Amicus da la Gauda. Signum Guigo Bovet. Signum Laugerius d'Aspermont. Signum Petrus Amicus testis. Michael rogatus scripsit, ammonente episcopo Archimbaldo.

8.

Laugerius et Poncius episcopus dederunt canonicis quartam partem decimi de pane et vino [2].

Jubet enim auctoritas ecclesiastica et in lege consistit 1011 30 nov.
romana ut qui rem suam transfundere voluerit in qualicumque potestate, per paginem testamenti eam infundat, ut omni tempore soluta et quieta permaneat. Quapropter ego Loger et Hodila et Pontius gratia Dei episcopus et Mironi

(1) Autogr. *Raimbald.*
(2) Cod. *lino.*

donamus a domino Deo et sancta Maria sedis Nicensis quartam partem de decimam de pane et vino, quod nos solumus tenere, pro animam domni Mironi qui fuit quondam, quod pertinet in civitate Nicea, ad clericis qui ibi serviunt, sine blandimentum de nullum episcopum, vel de nullum hominem, vel de ulla potestas secularis; ut ab hac die in presentis temporibus soluta ut quieta permaneat ista cartula donacio a domino Deo et sancta Maria sedis Nicensis, vel ad clericis canonicis qui ibi serviunt, sine blandimentum de ullumque homine. Sane si quis nos donatores, vel ulla potestas secularis, vel ullumque hominem ista cartula donacio inrumpere voluerit, componat de auro obtimo libras c; et postea ira
f° 79. Dei * incurrat, et sit maledictus in secula seculorum, amen. Et non sit episcopus, nec sacerdos, qui et post obitus absolvat eum; et veniat super illos Dei maledictio quod venit super Judam traditorem, qui dominum suum tradidit, et cum Datan et Abiron, qui terra vivos obsorbuit, sit damnatus et sepultus in infernum, et postea ista cartula elemosinaria firma et honorifice permaneat modo vel omnique tempore. Facta cartula elemosinaria II kalendas decembris, anno XVIII, regnante Rodulfo rege Alamandorum. Loger et uxor sua Hodila et Poncius episcopus et Mironi, qui ista cartula elemosinaria scribere iussint et testes illorum firmamus illorum pariter firmas.

9.

De decimis Venanzonis, Andobii, Sancti Dalmacii, Pedastis, Raimplacii, Roure, Falcarii, Leudule, Sancti Stephani, Sancti Dalmacii.

In nomine Dei summi et individue trinitatis, ad honorem et laudem et gloriam nominis sui. Ego Rostagnus Rainardi filius et uxor mea Adalaixis et filii mei Feraldus et Gilielmus (1) et Petrus, nos simul expavescimus ne in ira Dei incurramus, quia (2) valde peccavimus, male subtraendo rebus sancte Dei ecclesie. Et quod iniuste suscepimus de sancta matre (3) ecclesiam, idest beate Dei genitricis perpetue virginis Marie Cimelensis nec non et Nicensis, totum illi reddimus, ut ipsa pro nobis intercedat ad dominum Deum nostrum, ut dimittat nobis peccata nostra. Sunt autem ipsas res in supra dicto episcopatu, ipsam decimam quod est in castro Venacione et in suo territorio et in Andobio et in sancto Dalmacio in valle Blora et in castrum qui dicitur Pedastas et in Rege placito et in omnibus territoriis ad illos pertinentibus. Et in castrum que nominant Rora et in loco que dicitur Falcario et castrum que nominant Leudola et sancti Stephani Tiniensis et ecclesia beati Dalmatii; in his supra-

1067 15 mart.

(1) Autogr. *Guilielmus.*
(2) Autogr. *quare.*
(3) Autogr. *sanctam matrem.*

dictis locis, cum omnibus suis apendiciis, ipsas decimas cum ipsas ecclesias, totum Deo et beate Marie virginis et omnium sanctorum reddimus, concedimus et relinquimus, ab hodierna die et deinceps; et hoc redditu et guerpicio cum bona voluntate et Dei timore facimus et concedimus et super sanctum altare ponimus et in manu Raimundi episcopi relinquimus, ut pius Deus dimittat nobis peccata nostra. Sane si quis nos aut ex heredibus nostris aut ulla obposita persona, qui hanc donacionem vel reddicionem inrumpere voluerit, non hoc valeat vindicare, sed in ira Dei omnipotentis incurrat et ex auctoritate Dei patris et filii et spiritus sancti et beate Marie virginis et sanctorum apostolorum Petri et Pauli et omnium sanctorum et domni pape et nostre auctoritatis et canonicorum nostrorum excommunicamus et ad sanctam matrem ecclesiam sequestramus et a corpore et sanguine domini nostri separamus et a consorcio sancte religionis cristiane disrumpimus, ipsum aut ipsos quicumque partibus eius illi vel illis adiutorium prebuerint, ab hodierna die et deinceps, maledicti et excommunicati permaneant. Ego [1] Raimundus episcopus tibi Rostagno ex totam decimationem * una medietatem tibi concedo, in tali vero conventu, ut in Dei servicio et ipsius episcopi [2] loci teneas et possideas, ut illi aliam medietatem bene conserves, ut Dei misericordia consequi valeas. Acta autem reddicio sive donacio XVII ka-

f° 80

(1) Autogr. *Ego vero.*
(2) Autogr. *episcopi ipsius.*

lendas aprilis, anno M trabeationis domini LXVII. Rostagnus qui hanc reddicionem fecit et firmare rogavit. Signum Adalaixis. Signum Feraldus. Signum Gilielmus (1). Signum Petrus. Signum Miro. Signum Rostagnus.

10.

De Terio.

Auctoritas enim iubet ecclesiastica et lex consistit romana, ut homo qui rem suam in qualicumque potestate transfundere voluerit, per pagine testamenti eam infundat ut proluxis temporibus soluta et quieta eam permaneat omnique tempore. Quapropter ego Baldo et mulier mea et heredes nostri his nominibus: Martinus presbiter et Martinus Rostagnus et infantes qui de nobis procreati fuerint, nos pariter donamus et firmamus aliquid de hereditate nostra modietas tres de terra et una pecia de vinea et una pecia de prat; Rigaus tres eminatas de terra; ego Bonelda et infantes mei donamus dua sexteradas de terra; et Petrus Ermengarda sexterada III subter fonte sica et in alio loco subter campo de Leoncio sexteradas III; Rostagnus et fratres sui una semodiata in Raga; Riquelmus et frater suus quantum habent in cimiterio; Raimbertus et fratres sui sexterada II in monte Terio; Andreas filius Ermengarde sexteradas III in Radone. Et isti homines vel femine, quem supradictis audistis nomi- 1064 25 nov.

(1) Autogr. *Guilielmus.*

nare, donamus hoc quod legis super ad sancte Dei genitricis virginis Marie, que est sita in territorio que nominat Terio, pro timore Dei et pro redemptione animarum nostrarum vel consanguineis nostris, ut Deus omnipotens prestet nobis misericordiam suam et faciat in bonis consorciis collocare. Et ista donacio est de subiectione sanctissime virginis Marie matris ecclesie Nicensis in suo proprio, in presencia vel gubernacione domni Raimundo episcopo, ipse constituit hoc ut presbiter reddat in unumquemque annum inter duas vices XII denarios de censura, medietate ad madio et alia medio octuber. Sane si quis nos aut heredes nostri vel de propinquis parentibus nostris sive alienigena aut ulla apposita persona, qui contra donacione sancte Dei genitricis virginis Marie ire, inquietare vel inrumpere voluerit, non valeat vindicare quod quesierit, sed ira Dei manet super eum et sit separatus ad sancte liminibus Dei ecclesie et sit maledictus et excommunicatus de domno Raimundo episcopo vel ceteros episcopos et sint consortes cum diabolo, cum Datan et Abiron, quos terra vivos obsorbuit et cum Juda quem dominum tradidit, nisi se correxerit vel correxerint. Acta autem carta donacionis vel consecracionis prefate ecclesie VIII kalendas decembris, anno M . LX . IIII ab incarnacione domini nostri Jhesu Christi. In presencia prefati episcopi
f° 81. sive ceterorum virorum qui in supradicto * castro morabantur, quorum nomina hec sunt: Signum Baldus et uxor sua firmat. Signum Martinus firmat. Signum Rostagnus et fratres firmant. Signum Willelmus firmat. Signum Andreas firmat.

11.

Poncius episcopus dedit canonicis terram et vineam in Fonte calida.

Auctoritas etenim ecclesiastica iubet et lex consistit [1] 1018 mart. romana, quicumque rem suam in qualicumque potestate transfundere voluerit, per pagine testamenti eam infundat, ut prolixis temporibus secura et quieta permaneat. Igitur ego Poncius gratia Dei episcopus dono ad ecclesiam sancte Marie sedis Nicense et ad canonicis qui ibidem die et nocte serviunt, qui ibi sunt et que venturi erunt, pecia una de terra et vinea in loco qui vocatur fonte calida, pro remedium et liberacione anime mee et anima ienitore meo Mirone et genitrice mea Odila et germano [2] meo Mirone et Guilielmo. Consortes de uno latus de oriente rivo currente et Dominico, de alio latus de occidente terra de Franca et de Marino de austro et [3] Guntardo, ad meridie terra de Stabile, vel si quis alii [sunt consortes]. Sane si quis ego aut ullus homo de propinquis parentibus meis, qui contra hanc donacione ista irrumpere voluerit, aut episcopus aut abbas aut comes aut qualicumque persona, maledicatur maledictione perpetua et cum Juda, qui dominum tradidit, in infernum dampnetur et

(1) Cod. *consistat.*
(2) Cod. *germano.*
(3) Locus vac. in cod.

cum illis qui dixerunt domino Deo, recede a nobis et scientiarum tuarum nolumus, habeat participationem; et postea componat in vinculo auri obtimi libras x et donacio ista firma et stabilis omnique tempore permaneat. Facta autem donacione ista in mense martio, in die martis, hora tercia, anno xxv regnante Rodulfo Regi, indicione III. Signum domnus Poncius episcopus qui hanc donacione ista scribere iussit et testes firmare rogavit, manu sua firma. Signum domnus Leodegarius firmavit. Signum domna Odila firmavit. Miro firmavit. Adalfredo firmavit. Bonus filius firmavit. Bertrannus firmavit. Signerius firmavit. Dodo firmavit. Petrus firmavit. Aleneo testis. Gunberto testis. Valdeberto testis. Agarno testis. Rainaldo testis. Bermundus firmavit. Boso testis. Vitalis scriniarius rogante Undula presbitero scripsit atque subscripsit.

12.

Nadal et Teubertus dederunt Sancte Marie vineam que est iuxta fluvium Pallionis.

1002 20 jan. In nomine domini nostri Jhesu Christi facere debet unusquisque homo de rebus suis quicquid facere voluerit, quia ita sic facit Nadal et Teudbertus frater eius et nepotibus eorum Dominico et Ingiler [1] uterque fratres donamus et

(1) Cod. *iugales.*

concedimus pecia una de vinea ad domum sancte Marie sedis Nicensis et ad clericos qui ibidem serviunt propter Deum et remedium animas nostras vel parentum nostrorum ut teneant eam et possideant sine blandimentum de ullusque homo, qui nobis advenit per complantacionem. Et est* ipsa f° 82. pecia de vinea in comitato Nicensis prope civitate iuxta fluvio Pallionis et habet consortes de uno latere vinea Dominicale et de alia parte similiter et de tercia parte in vinea Benedictus et quarta parte in vinea Dominicale. Quantum infra istos terminos includunt sic donamus ad domum sancte Marie sedis Nicensis vel ad clericos qui ibidem serviunt sicut superius scriptum est propterea sic donamus totum ab integrum quantum nobis pertinet. Sane si quis donatores vel ulla potestas secularis vel ullusque homo ista cartula donacione irrumpere voluerit, componat de auro obtimo libras x ; et postea ira Dei incurrat et sit maledictus in secula seculorum, amen; et veniat super illum Dei maledictio, quod venit super Judam traditorem qui dominum suum tradidit, et non sit episcopus nec sacerdos qui post obitus absolvat eum; et in antea ista cartula donacione firma et stabilis permaneat modo vel omnique tempore. Facta cartula donacionis in Nicea civitate sub feria IIII, XIII kalendas februarii, anno VIIII regnante Rodulfo regem Alamandorum in dictione Provincie feliciter. Signum Nadal et Teudbertus frater eius et nepotibus eorum Dominico et Ingiler uterque fratres, qui ista cartula donacionis scribere iussimus et testes rogare firmavimus manus nostras pariter illorum firmas. Signum Allo testis. Signum Dominico testis, de Gollinda. Signum Alancus testis. Signum Allineu testis. Signum Stephanus testis. Signum Undilanus sacerdos palacii scripsit et manu sua subscripsit die et anno quo supra.

13.

Teudrada dedit vineam canonicis iuxta flumen Pallionis.

1002 20 jan. In nomine domini nostri Jhesu Christi facere debet unusquisque homo de rebus suis quicquid facere voluerit, quia ita sic Teudrada facit; dono et concedo pecia una de vinea ad domum sancte Marie sedis Nicensis vel ad clericos qui ibidem serviunt, ut teneant et possideant sine blandimentum de ullusque homo. Et est ipsa pecia de vinea in comitatu Nicensis prope civitatis iuxta fluvio Pallioni qui mihi advenit per complantacione et habet consortes de uno latere vinea Dominico et de alia parte vinea Rodbertus et de tercia parte terra de Duranto filio Aston et de quarta parte vinea Benedictus. Quantum infra istos terminos includit qui michi pertinet, propterea sic dono ad domum sancte Marie sedis Nicensis vel ad clericos qui ibidem serviunt sicut superius scriptum est totum ab integrum. Sane si quis me donatrice vel ulla potestas secularis aut ullus de heredibus meis vel ullusque homo ista cartula donacionis irrumpere voluerit,

componat de auro optimo libras x et postea ira Dei incurrat et sit maledictus in secula seculorum, amen.* Et veniat super f° 83.
illum Dei maledictio que venit super Judam traditorem qui Dominum suum tradidit; et non sit episcopus nec sacerdos qui et post obitus absolvat eum; et postea ista cartula donacionis firmissima permaneat, omnique tempore cum stipulacione subnixa. Facta carta donacionis in Nicea civitate sub feria IIII, XIII kalendas februarii, anno nono regnante domno Rodulfo regem Alamandorum in dictione Provincie feliciter. Signum Teudrada qui ista cartula donacionis scribere iussit et testes firmare rogavit, manu sua firmat. Signum Allo testis. Signum Astengo testis. Signum Belluno testis. Signum Dominico testis, filio Barnaldo. Signum Nant. Signum Benedictus testis. Signum Undilanus sacerdos scripsit et subscripsit die et anno quod supra.

14.

Geriberga dedit vineam sancte Marie iuxta murum civitatis.

In nomine domini nostri Jhesu Christi facere debet unus- 1002 20 jan.
quisque homo de rebus suis quicquid facere voluerit. Quia ita sic facit Geriberga. Dono, concedo pecia una de vinea ad sancte Marie sedis Nicesis et ad clericos qui ibidem serviunt, ut teneant sine blandimentum de ullusque homo, qui

mihi advenit per complantacione. Et est ipsa pecia de vinea in comitatu Nicensis prope civitatis, prope muro antiquo iuxta via qui pergit ad Arisana. Et habet consortes de uno latus terra Ingilerio et de alia parte terra Bellino et de tercia parte terra de Drecto et de quarta parte via pluvica quod superius resonat. Quantum infra istos terminos iucludit quod superius resonat qui mihi pertinet, propterea sic dono ipsa pecia de vinea ad Sancte Marie sedis Nicensis et ad clericos qui ibidem serviunt, quod superius scriptum est totum ab integrum. Sane si quis me donatrice vel ulla potestas secularis aut aliquis homo de herodibus meis vel ullusque homo ista cartula donacionis inrumpere voluerit, componat de auro obtimo libras x, et postea ira Dei incurrat, et sit maledictus in secula seculorum, amen; et non sit episcopus nec sacerdos qui et post obitus absolvat eum; et postea ista cartula donacionis firmissima permaneat omnique tempore cum stipulatione subnixa. Facta cartula donacione sub feria IIII, XIII kalendas februarii, anno VIIII regnante Rodulfo rege Alamannorum in dictione Provincie feliciter. Signum Geriberga qui ista cartula donacionis scribere iussit et testes firmare rogavit, manu sua firma. Signum Allo testis. Signum Dominico de Gollinda. Signum Adalmanno Guarcino testis. Signum Cadanedo voluit et consensit. Signum Dricto filio eius testis. Signum Undilanus sacerdos scripsit, signavit die et anno quod supra.

15.

Laugerius dedit mansum Belluz Sancte Marie. * f° 84.

Donacionem sive guerpicionem quam facit Leodegarius c. 1075. Rostagnus et uxor sua Calamitas et filii sui Aldebertus, Rostagnus, Bertrannus de ipso manso quem donavit domnus Wilielmus comes ad sancta Maria et domno episcopo Berno et a canonicis suis et ipsum mansum tenebat Beluz, quantum ad ipsum mansum pertinet, hoc est cum terris cultis sive incultis, vineis, pratis, parranibus, ortis, arboribus fructiferis et infructiferis, aquarumque cum decursibus earum; quantum ad ipsum mansum pertinet, reliquerunt in manu domni Archimbaldi episcopi sive canonicis suis, qui ibidem tunc temporibus erant, in ecclesia beate virginis Marie conversari videbantur, non solum presentibus verum etiam et futuris; et hanc donacionem isti supra dicti donatores sive dimissores hoc fecerunt pro remedio animarum suarum et ut omnipotens Deus intercedente beata virgine Maria dimittat eis lubrices (1) temeritatis offensas. Et in hac guerpicione (2) presentes fuerunt testes quos in sequentibus nominabimus: Willelmus de Roca testis, Leodegarius de Aspremont testis, Petrus Episcopus testis, Poncius Ausannus (3) testis, Rosta-

(1) Autogr. *lubricitatis.*
(2) Autogr. *guerpicionem.*
(3) Autogr. *Asaunus.*

gnus Ingilbert (1) testis, Petrus Areius testis, Lambertus Durantus testis (2). Et propter istam donacionem donaverunt canonici xxx solidos. Ebrardus abbas sancti Poncii fecit scribere istam cartam (3) et firmavit. Teudebaldus Durantus firmavit.

16.

Bonfant dedit vineam de Trella sancti Tropeti.

c 1078 In nomine domini nostri Jhesu Christi donavit Bonfant vineam de Trella a sancto Torpes per arma sua et per arma Carabeceto; donat Bonfant vineam istam cum muliere sua et filiis vel filiabus. Pro omnicumque tempore, qui istam cartam voluerit frangere sit maledictus et excommunicatus hic et in perpetuum, amen. Signum Petrus Episcopus testis. Poncius Bonifilii testis. Martinus de laudelda testis. Ugo testis. Poncius Vector testis. Rodulfus sacerdos scripsit.

---

(1) Autogr. *Inguilbert.*
(2) Autogr. *Iatfredus testis.*
(3) Autogr. *scripbere ista carta.*

17.

Bertran Raimbaldi
dedit quartam partem vinee de Columba
et Columba terra de Ponte.

In nomine domini nostri Jhesu Christi, unusquisque homo de rebus suis faciat quicquid facere voluerit. Ego Bertrandus filius Raimbaldi et uxor mea cum filiis meis donamus et concedimus sancte Marie et canonicis vineam de Columba quartam partem, et ipsa vinea est in Calvarolas. De uno latere terra de Pastel, de alio latere vinea de Adalen et de alio latere vinea Iabaldi presbiteri et de alio latere via publica et terra dal pont primer daves la Bufa donat Columba canonicis de sancta Maria, de uno latere terra Cabasa et de alio latere terra Rodulfi Saramanni et de alio latere via publica. Signum Petrus Episcopus firmat. Signum Benedictus Arbaldi firmat. Signum Poncius Ausanni firmat. c. 1078.

18.

Teubaldus et uxor eius dederunt semodiatam vinee
et aliam terre sancte Marie.

In nomine domini facere debet unusquisque homo de rebus suis quicquid facere voluerit. Quia ita sic facimus ego Teu- 1002. 22 aug.

f° 85. baldus et uxor mea donamus et concedimus * semodiata una de vinea vel alia de terra culta ad Sancta Maria sedis Nicensis vel ad canonicis qui ibidem serviunt sine iussione episcopi; et si est nullus episcopus qui ista cartula donacione frangere voluerit, ad potesta de illo loco revertat. Et est ipsa vineam vel terram in comitato Nicensis prope civitatis. Et de uno latere in terra Martinus et de alia parte in terra Adalbertus sacerdos et de tercia parte in terra Bonus filius et de superiore capite in strada publica. Quantum infra istas coherencias quod superius insonat, qui mihi pertinet Teudbaldus vel uxor mea Elena, qui mihi advenit propter donacionem domni Wilielmi incliti comiti qui fuit condam et domni Rodbaldi comiti, nec non et domni Mironi, propterea sic donamus totum ab integrum ad sancta Maria sedis Nicensis vel ad canonici qui ibidem serviunt, in tale vero racione quod in vita nostra nos teneamus et possideamus et per omni anni tempore uno collares de vino ad canonicis de sancta Maria, et post obitum nostrum ad sancte Marie vel ad canonicis revertat sine iussione episcopi. Sane siquis nos donatores vel ulla potestas secularis ista cartula inrumpere voluerit, componat de auro optimo libras x, et ista cartula firma permaneat omnique tempore. Facta cartula x kalendas septembris, anno viiii regnante Rodulfo rege Alamannorum. Signum Teudbaldus et uxori sue Elena, qui ista cartula donacione scribere iussint et testes firmare rogaverit, manus illorum pariter firmas.

19.

Loger dedit sancte Mariae semediatam vinee sub Calveirolas.

In nomine domini facere debet unusquisque homo de rebus suis quicquid facere voluerit, quia ita sic facimus. Ego Loger et uxor mea Richilde donamus et concedimus Sancte Marie sedis Nicensis semodiata una de vinea vel ad canonicis qui ibidem serviunt, propter Deum et remedium animas nostras; in tale vero racione, sine iussione episcopi. Et est ipsa semodiata de vineam in comitato Nicensis subtus monte Calveroles, subter ipsa strada, qui mihi advenit per donacione Willelmi et Rotbaldi comitis nec non et Mironi vel uxore sua Odila. Et habet consortes de uno latere in terra comitare (1) et de alia parte in terra Raganulfus vel de Teudbaldus sacerdos et de tercia parte vinea de Gidoni et de quarta parte vinea de Wilielmo filio Manasse. Quantum infra istos terminos includit, sic donamus totum ab integrum Sancte Marie sedis Nicensis vel ad clericos qui ibidem serviunt, ipsa semodiata de vinea sine iussione ullusque homo, in tale vero racione quod omnibus diebus vite illorum vixerint, vel filia illorum Adadsinda, Deo vota, teneant et possideant et omnique anno recurrente donent * ad ipsos canonicos de sancta Maria col- f° 86.

1003 15 sept.

(1) Pro *comitali*.

lares duos. Et post obitum illorum remaneat ad domum sancte Marie et ad ipsos canonicis qui ibidem serviunt, sicut superius scriptum est. Sane si quis nos donatores ut ullusque homo vel ulla potestas secularis ista cartula donacione inrumpere voluerit, componat de auro optimo libras x, et postea ira Dei incurrat et sit maledictus in secula seculorum, amen. Et non sit episcopus nec sacerdos qui et post obitum absolvat eum, et veniat super illum Dei maledictio quod venit super Judam traditorem, qui dominum suum tradidit, et postea ista donacio firma permaneat omnique tempore. Facta donacio v nonas octubris, anno x regnante Rodulfo regem Alamannorum. Signum Loger et uxor sua Richilda qui ista donacio scribere iussit et testes firmare rogavit, manus suas firmas. Signum Austus testis. Signum Bono anno testis. Signum Guinibertus testis. Signum Raganulfus testis. Signum Alineus testis. Undilanus sacerdos scripsit.

20.

Amicus Calcie dedit mansum suum sancte Marie.

1081. Anno ab incarnacione domini nostri Jhesu Christi M octoagesimo I. In Christi nomine constat me Amicum de Colcia filium quondam Bonfilii accepisse a vobis canonicis sancte Marie, scilicet Petro Guilielmo et Johanne qui et Balbo et Guilielmo Gasco Nicensis canonicis XL solidos ottolensium videlicet pro toto mansaricio meo, quod est situm in comitatu Nicie, ut in Dei nomine vos et successores vestri habeatis et teneatis sine omni mea et heredum meorum contradictione. Quod si aliquo unquam in tempore ego qui supra Amicus de Colcia vel aliquis agere aut causare adversus vos supradictos canonicos Niciensis ecclesie vel adversus successores vestros per malum ingenium auferre supradictam vendicionem voluerit, promitto me et spondeo precium duplicare et totum honorem perdere, et hoc consensit domnus Laugerius Rostagnus cum coniuge sua nomine Calamita et filiis Aldeberto, Rostagno et Bertranno et ipsi dimiserunt totum donum quod in predicto mansaricio habebant canonicis supra dictis; dimiserunt et comparare consenserunt, datis pro eodem xxx solidos veteris monete Ottonensis. Post multum vero temporis venit filius supradicti Amici Zoucie volens requirere supradictum mansaricium a canonicis et sibi vendicare; ipsi vero canonici comparacionem iuste defendentes in presencia bonorum hominum totum dimisit et canonicis reliquit, acceptis ab eisdem xx solidos Ottonenses. Huius rei testes fuerunt Petrus Episcopi, Poncius Osagno, Martinus de Zaudeld, Guillelmus Ermenaldi, Raimbaldus Pauli, Petrus Areu.

21.

De sancta Maria de Clancio. * f° 87.

Clementissimus omnipotens Deus pater cum iaceret mundus involutus cenulentis erroribus sub mortis imperium, habuit 1066 29 dec.

cum sua pietate consilium, ut totum redimeret mundum. Descendens de celis, missus ab arche patris introivitque in uterum virginis, homo pro nobis factus similis, ut qui eramus sub peccati iugo detenti, per adobcionem gratia faceret filios Dei. Hoc idem ipse benignus Deus clementer nostrorum reatus delere cupiens, humiliter inter homines conversatus (1) archana divini verbi sue misericorditer nobis propalans qualiter unusquisque homo ad paradisi gaudia, unde merito cciderat, reverteretur, medicamentum nobis salutis obponens antidotum, reconciliacionis nostre ore benignissimo suo patefaciens dixit: penitenciam agite, adpropinquabit regnum celorum, et per prophetam ipse clamans dixit; date elemosinam, dicit dominus, et ecce omnia munda sunt vobis. Et ut plenius instrueremur adhuc (2) divina scriptura corroborat dicens: quia sicut aqua extinguit ignem, ita elemosinam extinguit peccatum. Igitur in Dei nomine et salvatoris nostri Jhesu Christi nos vero, ego Petrus et frater meus Milo pronomine Lagito et nostre uxores una (3) cum filiis et filiabus nostris non immemores sumus tanti preceptis donamus Deo omnipotenti et eius genitrici perpetue virginis Marie de nostro honore quod habemus in episcopatu Cimilensis, in comitatu Tiniensis, in loco qui dicitur Clansis ubi ecclesie (4) beate Marie semper virginis hedificata esse videtur, dona-

(1) Autogr. *omines.*
(2) Autogr. *aduc.*
(3) Autogr. *huna.*
(4) Autogr. *ecclesia.*

mus ad ipsam ecclesiam modiatas [1] in ipso territorio, et vinea una optima in locum qui dicitur Gardia, et alia vinea qui fuit de condam fabro nomine Petro, et ortos duos qui sunt siti iusta pratum Arnaldi, cum ipso defenso que dicitur Altare. Adhuc etiam donamus ad ipsam ecclesiam duos homines cum omnibus ad ipsos pertinentibus, cum terris, vineis, pascuis, silvis, gariciis, cum omni servicio ad ipsis pertinentibus. Adhuc etiam concedimus ad prefatam [2] ecclesiam, si aliquot [3] merchatum, aut feriam ibi fuerit factum totum ab integrum [4] illi concedimus in dominium. Et ego Petrus et uxor mea Aurfresa adhuc donamus Deo et beate Marie virginis de nostra hereditate que mihi advenit per parentorum meorum in supra dicto loco mansum unum que [5] excolit Willelmus [6] Staminia, cum omnibus suis apendiciis et non longe ab ipsa ecclesia modiata una de terra obtima, et partem decimi quem habebat Tanculfus presbiter, cum ipsam quartam partem ecclesie et medietatem decimi de castro que nominant Poieto, et alia medietate de castro que nominant Maria. Et ego Milo pronomine Lagitus simili modo dono Deo omnipotenti et beate Marie in predicto loco le cabannaria una quam excolebat Martinus Calvus. cum terris et vineis cultis vel incultis, ortis, mansionibus et in alio loco que

(1) Autogr. *III de terra obtima et est sita ipsa terra a parte occidentis iusta ipsam ecclesiam; alias vero III modiatas.*

(2) Autogr. *prephatam.*

(3) Autogr. *alicot.*

(4) Autogr. *intecrum.*

(5) Autogr. *quem.*

(6) Autogr. *Guilielmus.*

nominant Pinoso et in Boals modiatas III de terra obtima et quartam partem decimi de mansum quem tenebat* Arnaldo [1] Nuriau. Heo omnia vero donamus Deo et beate Marie pro redemptione animarum nostrarum et parentum nostrorum. In tali vero conventu ut episcopus Nicensis teneat et possideat in servicio Dei et beate Marie ad ipsum locum con-
f° 88. struendum et omnia, quae ad nobis * adhuc donandi futura sunt vel a nostris fidelibus, concedimus et confirmamus. Sane si quis nos vel heredes nostri vel ulla aposita persona qui hanc donacionem inrumpere aut inquietare voluerit non hoc valeat vindicare, sed ira Dei maneat super eum et maledictus et excommunicatus et a corpore et sanguine domini nostri Jhesu Christi separatus et a consorcio sancte religionis christiane disumpimus et a liminibus sancte Dei ecclesie sequestramus, cum Juda traditore parte in infernum habeat et cum Belzebub principe [2] demoniorum in claustris recrudantur inferni ipsorum ulcionem puniendi. Facta autem carta IIII kalendas januarii, anno M.LX.VI incarnacionis domini nostri Jhesu Christi. Signum Petrus et frater suus [3] Lagitus et uxores nostras firmat. Poncius de Crocis [4] firmat. Johannes de Poieto [5] firmat. Loterius firmat. Leoncius [6] firmat. Lautardus firmat. Petrus monacus [7] firmat.

(1) Autogr. *Arnaldus.*
(2) Autogr. *principem.*
(3) Autogr. *sui.*
(4) Cod. et autogr. *Crocus.*
(5) Autogr. *Pogito.*
(6) Autogr. *Leoncius Russo.*
(7) Cod. *Monocus.*

22.

De Sancta Maria de Terio.

Haec carta superius edita est n. 10 ubi eam vide.

23.

De Ugone Advenie.

Manifesta res est quoniam ego Ugo filius Advenie et Guillelmi Rostagni dono me ecclesie sancte Marie Niciensi ad canonicum, cum consilio * amicorum meorum, et fratris mei Bertranni, cum quarta parte Venacionis in hermis et in cultis et homines quos habemus sancti Dalmacii et territorii, et homines quos habemus in Pedastas et pascue partem nostram, hoc est medietatem. Itaque supradictus Ugo et frater suus Bertrannus donat supradictas res ecclesie sancte Marie et canonice sine malo ingenio, ut omni tempore stabile et firmum permaneat. Si quis autem infringere voluerit non valeat vendicare quod repetit, sed stabile et firmum omni tempore maneat et a consorcio Christianorum sequestratus permaneat et cum Datan et Abiron in inferno cum Juda traditore permaneat. Huius rei testes fuerunt Guillelmus Talon, Rostagnus de Iloncia. Rainoardus Germanus, Renaldus Vivianus, Guillelmus Rainaldus, Bermundus Giraldi, Richerius, Guillelmus Raimbaldi.

c. 1109.

f° 89.

24.

De domo Anselmi.

1146. Anno ab incarnacione domini M.L.XL.VI, tempore consulum, scilicet Pauli Raimbaldi, Raimundi Serene, Guillelmi Richardi, Raimundi Foroguliensi, Petri Bermundi, Guillelmi Gaubaldi, canonici Nicienses in presencia eorum Anselmum convenerunt, querimoniam de domo quam tenebat facientes, que est iuxta salam Iauceranni Laugerii in medio adiacente via publica. Ipse autem, consilio fratris sui Guillelmi Enrici et filiorum suorum, in manum predictorum canonicorum iam dictam domum sine querela dimisit. Canonici vero ad fidelitatem et ad servicium et pro decimis piscium prefatam domum habere concesserunt, tali convencione ut eam nec pignorare nec vendere alicui liceat, nisi prius canonicis ad pignorandum vel ad emendum obtulerit. Inde testes sunt Paulus Raimbaldi, Raimundus Serene, Guillelmus Ricardi, Raimundus Foroiulii, prepositus Venciensis, Guillelmus Ermenaldi, Durandus, Raimundus Ugolenus, Johannes Dodo.

25.

De campo Raimundi Malcontadi.

1146. Anno ab incarnacione domini notri Jhesus Christi M.C.XL.VI tempore consulum Pauli Raimbaldi, Raimundi Serene, Guil-

lelmi Gatbaut, Guillelmi Ricardi, Raimundi Foroiulii, Petri Bermundi, Nicienses canonici in presencia eorum Raimundum Malcomptat, cum fratribus suis Olivario et Bermundo, convenerunt, querimoniam de campo de Brugeda facientes, qui est iuxta viam publicam que vadit ad Varum. Ipse autem, comunicato consilio fratrum suorum, per manum canonicorum prefatum campum ad fidelitatem et servicium acceperunt. Tale servicium reddere debent XIII sextarium cuiuscumque seminis habuerit et decimum. Et si quis prefatum Raimundum vel fratres suos pro tascha convenerit, canonici nichil infra perdent; tali conventu ut prefatum campum pignorare vel vendere alicui liceat, nisi prius canonicis ad pignorandum vel ad emendum obtulerit. Infra sunt testes Paulus Raimbaldi et Franco frater eius, Trencherius et Jordanus frater eius, Raimundus Serena, Raimundus Foroiulii, Guillelmus Ricardi et frater eius Petrus, Guillelmus Badat, Petrus Bermundi et fratres sui Raimbaldus et Obertus, Raimundus de Esa et Fulco Ugoleni, Raimundus Olivi, Gandulfus, Guillelmus Zota, Fulco Mail; set et canonici Guilelmus Ermenaldi, Loterius, Raimundus Laugerius *, f° 90.
Raimundus de Abolena, Raimundus Ugoleni, Ugo, Johannes Dodo, Rollandus, Bertrannus de Iloncia, magister Durandus.

26.

Uxor Petri Porcel unam terram dedit in Campo longo Sancte Marie.

1151 5 sept. In nomine domini nostri Jhesu Christi, tam presentibus quam futuris pateat hominibus, quod Nicenses canonici ante consules querimoniam fecerunt de Petro Porcello, qui quadam terram que est in Campo longo iuxta camminum, quam uxor sua in testamento suo pro redemptione peccatorum suorum ecclesie beate et gloriose virginis Marie et canonicis dimisit, unde a consulibus qui tunc erant videlicet a Guillelmo Raimbaldi et a Bernardo et a Guillelmo Rufo et Oliver Maironа vocato, diligenter inquisito coram ipsis confessus est, et Petrus Giraldus similiter, Adia uxor Ugoni Galine eodem modo; quia propter coram predictis consulibus sicut confessi sunt, sic et canonicis Raimundo Ugoleni, Ugo Ademar et capellano Raimundo Boza mandaverunt ut iam dictam terram acciperent et deinde se investirent. Quod factum est anno ab incarnato domino M.C.L.I., in mense septembris, nonis eiusdem, luna XXI.

27.

De decimis Bermundi Giraldi.

1151 1 aug. In nomine domini nostri Jhesu Christi. Notum sit omnibus hominibus presentibus et sequentibus quod de controversia que longo tempore fuerat inter episcopum Niciensem et Bermundum Giraldi et filios eius pro decimis quas ecclesie Niciensi auferebat, talis pax et talem concordia, auxiliante Deo, facta est. Anno ab incarnato domino M.C.L.I. eodem ipso anno assumpto Arnaldo Aurasicensi sacrista in episcopatu Niciensi post trinam vel quartam vocacionem, in festo beati Petri apostoli ad vincula, coram universo clero et populo celebrante iam dicto episcopo missarum sollempnia, uxor Bermundi Giraldi, Alisendis nomine, et filii sui Aubertus nomine et Raimbaldus, omnes prefatas decimas in manu ipsius super sacrosancta quattuor evangelia perpetua dimissione reliquerunt et ubicumque decimas haberent vel quocumque modo detinerent, ex toto amore Dei et beate virginis Marie supradicto episcopo Arnaldo et canonicis presentibus et futuris in perpetuum dimiserunt. Facta dimissione ista in manu iam dicti episcopi anno quo supra, intrante augusto, luna XV, videntibus et audientibus clericis et laicis Ugo Ademar, Raimundus Ugoleni, Rollandus, Stephanus, Raimundus Laugerii, Raimundus de Abolena, Guillelmus Rollandi, Fulco, Nicholaus, Raimundus Boza, Guillelmus Badat, Milo Badat, Fulco Badat, Guillelmus Raimbaldi, Petrus Raimbaldi, Raimundus Raimbaldi, Poncius Gisberni, Guillelmus Richardi, Petrus Richardi, Raimundus Serena, Fulco Ugoleni, Petrus Raimberti, Raimundus presbiter, Poncius Garnerii.

28.

De eisdem decimis.

1152. Ego Petrus Antipolitane ecclesie licet inutilis servus et episcopus querelam, quam domnus Arnaldus Niciensis episcopus et canonici eiusdem ecclesie adversus Bermundus Giraldi et filios eius habebant pro decimis quas retinebant, ita, Deo largiente, terminavi. Si quidem ex mandato domini mei Guillelmi Ebredunensis archiepiscopi apostolice sedis legati, utrisque diem et locum statui in tempore oportuno, quatinus unicuique liceret sufficienter suas actiones proponere et causam suam modis competentibus defensare, sicut in literis eiusdem archiepiscopi continebatur, quas Raimbal-
f° 91. dus filius Bermundi * ex parte illius ad me attulit. Cum igitur die sibi statuta utraque pars ante presenciam nostram venisset huiusmodi raciones allegaverunt. Episcopus iure divino et ex decreto sanctorum patrum decimas repetebat. Altera vero pars longum tenementum pretendebat et in pace per multos annos has decimas, se habuisse dicebat, nec non etiam sentenciam pro se latam a beate memorie Tarragonensi archiepiscopo Ollegario et Segoviensi episcopo super hoc asserebat, cum tempore felicis recordacionis Petri Niciensis episcopis hec eadem questio mota fuisset. Addebant preterea quod iam dictus Arnaldus episcopus, pro recuperandis istis decimis, quasdam terras eiusdem ecclesie sibi dare promiserat. Hic ergo in hunc modum altercantibus, di-

ligenter hinc inde inspectis eorum racionibus, secundum constituciones ecclesiasticas et Romanorum pontificum, habito consilio prudentium, iudicavimus ut ecclesia Niciensis, a modo et usque in sempiternum, omnem decimationem in pace habeat quam Bermundus Giraldi et filii eius de proprio sive de aliorum laboribus aliquo modo habebant. Actum est hoc anno ab incarnato domino M. C. L. II, feria II, in mense (1), in castro Lobet, in presencia multorum clericorum et laicorum, Gaufredi de sancto Cesario legisperito, qui sentenciam pronunciavit precepto nostro, Guigonis de Rocha cognato nostro et Blacatii de Sartóólis, et Raimundo de Agromonte, Iohannis presbitero de Lobet, Auberti Giraldi et Raimbaldi, Poncii Gisberni, et Guillelmi Ricardi, et Petri Ricardi, et Petri de Luda, et canonicorum Nicensium, Petri Michaelis, magistri Durandi, Raimundi Ugoleni, et Otonis Iterii scutarii episcopi Nicensis et Guillelmi de Burgo scutarii Antipolitani episcopi.

29.

Auctoritas ecclesiastica iubet et lex romana ut quicumque rem suam, in qualicumque potestate donare voluerit per testamentum pagine eam transfundat, ut prolixis temporibus secura et quieta permaneat. Quapropter ego Gauceranus Laugerii dono Deo et ecclesie beate Marie de Nicia et Petro 1117 (2).

(1) Locus vacuus in cod.
(2) Hic annus excerpsimus ab autogr. quem alibi referemus.

episcopo et omnibus successoribus suis et omnibus canonicis suis medietatem omnium illarum rerum ad se pertinencium quam mihi ex ereditate patris mei in civitate Nicie obvenerunt, scilicet in campis, vineis, ortis, pascuis, silvis, garriciis, montibus, collibus, vallibus, pratis, molendinis, aquis, aquarumque decursibus, ut eam perpetuo iure possideat. Hac de causa ego Gauceranus accepi quingentos quinquaginta solidos de rebus ecclesie Nicensis ab episcopo eiusdem civitatis et a canonicis. Aliam vero medietatem quam mihi retinui habeat in vadimonio, usquequo supradictam medietatem integram et liberam eis ab omni inquietudine reddam. Post obitum quoque meum hec omnia eidem ecclesie supra dicte ad integrum dono pro anima mea. Sane si quis ego aut ullus ex eredibus meis vel ulla apposita persona, qui hanc donacionem irrumpere aut inquietare voluerit, non hoc valeat vin-
f° 92. dicare, sed ira Dei omnipotentis maneat super eum et sit * maledictus atque excommunicatus ex auctoritate Dei patris et filii et spiritus sancti et a corpore et sanguine nostri redemptoris sit separatus et a consorcio sancte religionis christiane diruptus et a liminibus ecclesie sequestratus, cum Juda vero proditore partem in infernum habeant et cum Behelzebub principe demoniorum in claustris inferni recrudantur; omnes qui illi aut illis consilium dederint vel adiutorium prebuerint, ab odierna die et deinceps maledicti et excommunicati permaneant.

Signum Raimundi comes (1).

(1) Signum R. comitis deest in autogr., nam valde ab illo haec charta commutata reperitur.

30.

In nomine domini nostri Ihesu Christi summi regis et eterni presentibus et sequentibus omnibus notum fiat hominibus quoniam ego Arnaldus Nicensis ecclesie dictus episcopus et canonici nostri eiusdem ecclesie filii, de illa grandi querela que inter nos et Laugerium de Graolerii (1) versabatur, mediantibus Petro Antipolitano et Lamberto Venciensi episcopis, talem pacem et talem concordiam fecimus. Nos quippe totum illum honorem, quem pater eius Gaucerandus Laugerii Petro episcopo bone memorie predecessori nostro et canonicis suis pro quingentis solidis partim iure vendicionis concessit, partim pignori supposuit, requirentes, in manu nostra totum et ex integro dimisit et nos et ecclesiam nostram se ipsum expoliando investivit. Hac igitur dimissione et restitucione facta ad servitium et fidelitatem nostram et omnium successorum nostrorum hanc ecclesiam usque in finem seculi gubernancium, totum predictum honorem nos ubicumque habeat vel habere debeat, tam in civitate quam in omnibus finibus eius, sibi et legalibus heredibus suis concedendo laudamus et hac virga laudando eum reinvestimus. Ceterum inter nos pariter certa convencione constringimus ut de predicto honore nichil omnino, nec totum nec partem, alicui hominum valeat vel audeat vendere, impignorare vel quolibet titulo 1152 24 dec.

(1) Autogr. *Graoleriis.*

alienare, nisi episcopo vel ecclesie. Quicquid autem ab eo hactenus impignoratum est, nos et ecclesia nostra redimendi et possidendi donec ipse redimere eodem precio possit facultatem liberam habeamus. De decima vero piscium quam in hominibus suis requirebamus et de questione Campi Marcii sic ordinabimus, ut per illam iusticiam quam in heredes suos dictabimus, per eandem ab ipso et a suis recuperare possimus.

Sacramentum quippe et hominium, pro iam dicto honore, Laugerius et heredes sui nobis et successoribus nostris in hunc modum facit. Vitam et membra nostra et honorem ecclesie iurabit; castellum insuper de Drappo et totum alium honorem, quem ecclesia habet in presenti vel iuste acquirere poterit in sequenti, Laugerius non tollet, nec tollere faciet et si quis tollere presumeret, cum a nobis vel vero nostro nuncio commonitus fuerit, pro posse suo ad recuperandum iuvabit.

Facta sunt hec in portu Cance, presentibus episcopis Petro videlicet Antipolitano, Lamberto Venciensi, magistro quoque Duranto et istis astantibus clericis Guillelmo de Sartovolis, Stephano de Andaone, Viviano de sancto Paulo, Ugone presbitero de Alagauda, Rembaldo legifero de Niciam, militibus videntibus Gaufredo de Canea, Petro de Canea filio eius, Sicardo de Torretis, Petro de Andaone, Poncio de Cipperis et Guillelmo filio eius. Ipsa die Niciam venientes, in crastinum iam dictus Laugerius, in presencia clericorum et laicorum multorum, hominium et sacramentum nobis fecit. Raimundus Ugoleni, Ugo Ademari, Stephanus, Raimundus Boza, canonici presbiteri Nicensi ecclesie, Rostagnus diaconus, Guil-

lelmus sancti Martini, clerici presentes fuerunt. Iordanis quoque Richerii, Milo Badati, Fulco filio eius, Guillelmus Badati, Raimundus Serene, * Fulco Ugoleni, Franco Raimbaldi, f° 93
Petrus Raimbaldi, Raimundus Raimbaldi, Guillelmus Raimbaldi, Guillelmus Ricardi et Petrus frater eius, Bernaudus(1) Ausan, Guillelmus Enrichi, Petrus Lamberti, Guigo Fatunerii, Ugo Fatunerii, Sicardus et Milo frater eius, Petrus Gersso, Guillelmus Zota (2), Arnaldus episcopi baiulus et Iterius eius scutarius.

Facta dimissione ista a memorato Laugerio ante ianua beate Marie in vigilia nativitatis dominice, consulibus Raimundo Serene, Fulco Badati, Francone Raimbaldi, Fulcone Ugoleni, presidente preside Provincie Raimundo Berengarii Barchinonensi comite, mense decembrio, feria III, luna XX. II, anno M. C. L. II.

Isti sunt homines quos Laugerius de Graoleriis habet pro ecclesia et episcopo Nicensi: Iordanis et frater eius Guillelmus Richerii et nepotes eorum Bertrandus et Petrus. Guillelmus Cebaldi et frater eius Raimundus et Bertrandus et Ysoardus. Petrus Aldebrandi et nepotes eius. Guillelmus Richardi et fratres eius Petrus, Bertrandus, Raimundus. Guillelmus Pellizana et nepos eius Laugerius et Petrus Rostagni et Iohannes Milonis. Raimundus da Laura. Isnardus Lamberti. Guillelmus Iabram. Guillelmus Ysnardi. Paulus Gal-

(1) Autogr. *Bernardus*.
(2) Autogr. *Sotta*.

clericorum et burgensium nostrorum, composuimus. Predictus lina. Bonpar Gallina. Ermengau. Richelmus Todolai. Rostagnus Dodo et Mercader et nepotes eorum, Iohannes presbiter et Guillelmus Taparel et Paulus Taparel. Raimundus Pallioli et Raimbaldus Ermentru. Ioncaz. Pader [1]. Fulco Badati. Guillelmus Pelat et Rostagnus Pelat. Michel Brun. Raimundus Barcelle. Petrus Mamberti. Iohannes Laiet et frater eius. Iohannes de Albasagna. Fulco Travacha et nepotes eius. Bernardus Legaire [2]. Guillelmus Zota. Petrus Faber. Poncius de Caramagna. Guillelmus Gras. Milo frater Sicardi. Gaucerandus de Porta. Iohannes Martini. German et frater eius Iohannes. Petrus da Laura et Anselmus frater eius. Poncius Gisberni. Raimundus Serena. Iohannes Milo et Petrus Rostagni. Durandus Pastel. Guillelmus Trasudat. Martinus Aldebrandi et nepotes eius. Guillelmus Amalvina. Iohannes de Solario [3].

31.

1152. In nomine domini nostri Ihesu Christi omnibus notum fiat hominibus, tam presentibus quam sequentibus, quod ego Arnaldus Nicensis ecclesie dictus episcopus de querela que erat inter Isnardum de Castronovo pro decimis de Revel et Nicensem ecclesiam, talem pacem et talem concordiam, consilio

(1) Autogr. *Padern.*

(2) Autogr. *Legarre.*

(3) Hic in autogr. adiecta sunt nomina subsequentia: *Raimundus de Laura. Bonus Iohannes. Aimerudis filia Willielmi. Guillelmus Silvii et Gorrienses femine.*

itaque Isnardus, una cum amicis suis, ante presenciam nostram in ecclesia beate Marie semper virginis adveniens, decimam de Revel totam et ex integro perpetua dimissione dimisit. Hanc itaque decimam nos ubicumque colligere et a quocumque baiulo nostro recipere nunc et semper faciemus. Quadraginta vero et IIII sextarios, quos Isnardo requirebamus, in hac concordia condonavimus. De questione vero Campi Marcii quam adversum nos et canonicos nostros movebat, amplius inquietare nec molestare nos vel ecclesiam nostram in manu nostra firmiter promisit, asserens id quod in Campo Marcio requirebat, non ad se sed ad ius avunculi (1) sui pertinere dicebat. Preterea pro benevolencia et gratia ipsius, quoniam nos et ecclesia nostra et omnia pertinencia ad ipsam in fide sua et nos diligere et honorare et defensare per fidei osculum promisit; fructus huius decime istius tantum anni sibi concessimus. Factum est hoc anno M. C. L. II. Presentibus clericis et laicis magistro Durando. Ugonis Ademari. Raimundi Ugoleni. Stephani presbiteri. Bertrandi de Iloncia. Iordanis cognati Isnardi. Fulconis Badati. Guillelmi Rufi. Fulconis Ugoleni. Raimundi Raimbaldi. * f° 94.

32.

In Dei nomine regis eterni. Ego Laugerius de Graoleriis ad honorem Dei et salvatoris nostri Ihesu Christi pro redemptione anime mee et parentum meorum dono Domino 1154. 17 aug.

(1) Cod. *avinculi.*

Deo et beate virgini Marie et domino meo Arnaudo episcopo et successoribus suis et canonicis presentibus et futuris et hospitali quem laudabili studio pro suscipiendis pauperibus ad caput ecclesie elegerunt *quiquid habet iam dicta* domus in montibus Nicie, sine omni retinimento. Hoc autem factum est in Nicia civitate, anno ab incarnato domino M. C. L. IIII. sub die XVI kalendas septembris, presentibus testibus Guillelmo de Esa, Bertranno sancti Egidii, Isnardo Beatricii, Petro *Corriario, Raimondo Raimbaldi iuniore, Petro* Aun, Petro Bertran, Guillelmo Trasudat, Ugo Ademar, qui hoc donum quesivit et suscepit.

33.

1144. Anno ab incarnacione domini nostri Ihesu Christi millesimo C. XL. IIII. regnante Conrado rege Romanorum. Ego Petrus Niciensis servus et episcopus dictus, cum conventu nostre ecclesie canonicorum, ad honorem Dei et gloriose virginis Marie et beati Ospicii et sancti Iohannis vobis fratribus *Stephano, Anselmo, Petro, qui nunc presentialiter pro* salute vestra ecclesie sancte Marie et beati Ospicii et sancti Iohannis vivendo servitis et *venturis fratribus qui ibidem* nostro consilio vixerint, totum honorem supradictarum ecclesiarum, sine *fraude* et malo *ingenio*, damus et donando laudamus. Hoc autem donum factum fuit in capitulo Nicie, coram fratribus. Unde ego Petrus episcopus me affirmo testem.

Et de canonicis isti sunt testes, quia adfuerunt : Guillelmus Ermenaldi, Petrus Michaelis, Loterius, Raimundus Laugerii, Raimundus de Abolena, Ugo Ademar, Iohannes Dodo, Bertrandus de Iloncia, Raimundus Ugoleni.

34.

Anno ab incarnacione domini nostri Ihesu Christi M. C. 1135.
XXX. V. indictione VI, Petrus Niciensis ecclesie episcopus, concedentibus canonicis eiusdem ecclesie Guilelmo Ermenaldo, Petro Michaele, Loterio, Raimundo Badato, Raymundo Ugoleno, Iohanne Dodo, Raymundo Laugerio, Guilelmo Raimbaldo, Wilelmo sancti Martini, dedit atque bona voluntate concessit Arnaldo legato et sequacibus suis, ad onorem Dei et Iehrosolimitani ospitalis, terram sicuti uterque angulus procedit Niciensis ospitalis usque ad domum Raymundi de Pella [1].

35.

De quartone sancte Marie. * f° 95

Breve de quartone sancte Marie. Petrus Badatus dat c. 1150.
quartone de una partida de clauso Campi longi. Isnardus

(1) Deest hic in cod. finis huius cartulae.

de Fora porta dat quartonem de una vinea de Petro Gordolone et vi nummos melgurienses de recepto. Burla Ferreri dat quartone de una vinea sancti Tropetis, iii denarios de recepto. Fulco Zabateri de mercato dat quartonem de una vinea et post mortem suam remaneat sancte Marie. Isnardus Mulneri quartonem de vinea Campi longi cum recepto. Petrus Trucebertus de una vinea medietatem. In una vinea Raimbaldi Aimi habemus decimam, quam vineam dedit sancto Poncio cum monachizavit filium suum. Odolus de Monte Olivo habet vineam de qua habemus quartonem, quam vineam habuit pro coniuge sua. Rostagnus de sancti Anet dat quartonem de una vinea sancte Marie, vi numos de recepto. Petrus dat quartonem sancte Marie. Progenie Petrus Donadeu donat quartonem sancte Marie. Iuliana Regina. Bona Regina. Uxor Ugo Masol. Petrus Nevolina. Mainerius de omnia vinea sua. Guillelmus Cecilia. Poncia Sengunisa. Silvester dat quartonem de una vinea sanctus Martinus. Petrus Germana dat quartonem sancte Marie. Rostagnus Donadeu dat quartonem sancte Marie.

36.

De vino defunctorum.

c. 1150. Breve sancte Marie de vino defunctorum. Raimbalt de Paulo ii saumadas. Iohannes Capel i. Ponz de Iun i. Petrus de Iun i. Ponza Escolta i. Petrus Troiabert ii. Fulco

Adam I. Petrus Bovet I. Barutel II. Ponz Bonfil II. Todolaic I. Raimundus Faber I. Ponz Rainalt I. Petrus Dalmaza II. Guillelmus da Laura I. Ponza de Gileta II. Allo Demideis I. Petrus Odol I. Ponz Bellon II. Andreu Barcella I. Rostagnus Silvii I. Gaufre Porcel II. Lambertus Durant I. Mulier de Rostagno Iauzmar I. Iohannes Fret I. Allo Garin I., pro qua conquesti sunt canonici Stephanus et Raimundus Boza in infirmitate Allo, pater cuius pro anima sua ecclesie omni tempore dare mandavit, quod ipse in presencia suorum filiorum verum esse cognovit, unde mandavit filiis suis ut omni tempore unum collares canonicis darent. Quod filii eius Stephanus, Gullielmus et Rostagnus in se susceperunt et sic facere promiserunt. Raimundus Boza testis. Guillelmus clericus de Uels testis. Raimundus Barcella testis. Petrus Brunus et frater eius Laurencius dederunt sancte Marie pro animabus suis saumadas III et unum sextarium ficuum omni tempore et filius Oberti de Mare debet dare. Uxor de Iohan Budel I. Petrus Grosol I. Guillelmus Cecilia I. Salvester I. Clemens II. Bernardus qui sororem Nicie uxoris de [1] Plantaporris habuit uxorem: in infirmitate sua querimoniam canonicorum Raimundi Ugoleni et Stephani pro saumata vini mortalicii domine sue audivit et pro delicto veniam quesivit et in manu supradictorum canonicorum emendare promisit et uxori sue I collares omni tempore canonicis dare mandavit. Guillelmus Rufus testis. Guigo Ricart testis. Isnardus Bea-

(1) Locus vacuus in cod.

trici testis. Petrus Bertranni testis. Iohan Rufus testis. Guil-
fº 96. lelmus Amalvina dedit * Deo et canonicis pro anima sua in vino dal Poiol, quamdiu vinea erit, in unoquoque anno unum collaresum vini et hoc confirmavit uxor eius. Testes sunt Raimundus Boza canonicus, Guillelmus de Uels, Guillelmus Mairona clericus, Trincherius Amalvina, Petrus de Niza, Petrus de Loda.

Adalasia Renovera in testamento suo medietatem domus sue pro anima sua Deo et beate Marie et canonicis dedit, in manu canonicorum Stephani et Otonis. Ipsi sunt testes: Guillelmus de Uels, Milo Gorga, Petrus Sonoret testis. Malclavel testis.

37.

saec. XII. De Lantosca XVIII denarios. De Pilione XII denarios. De Turbia II solidos [1]. Leuca XII denarios [2]. Teri VIIII denarios. Gordolo VIII denarios. Luceram II solidos et III denarios. Toet VIIII denarios. Uels XVIII denarios. Maria et Raiplac VIII denarios. Mansois et la Torre IIII denarios. Tornafort VIII denarios. Roca VI denarios. Levens II solidos et tres denarios. Toretas III solidos [3]. Comtes et Castelnou VI denarios. Un-

(1) Locus vacuus in cod.
(2) Id.
(3) Id.

gran III solidos (1). Montoleu VI denarios. Esa II solidos (2). Sanctus Stephanuu XVIII denarios. Leudola VIIII denarios. Sanctus Salvator VIIII denarios. Robio VIIII denarios. Roura VIIII denarios. Pirlas XVIII denarios. Iloncia IIII denarios et. . . . . Clancius (3) VIIII denarios. Caldila IIII denarios et medala. Bairol IIII denarios et medala. Bouvilar VIIII denarios. Sanctus Dalmacius de Blora XVIII denarios. Sanctus Dalmacius selvaticus IIII denarios et medala. Pedastas XVIII denarios. Venazo IIII denarios et medala. Lax IIII denarios et medala. Sanctus Martinus VIIII denarios. Abolena VIIII denarios. Belveder VIIII denarios. Sanctus Columbanus et Loda VIIII denarios. Roca esparvera et Mancel VIIII denarios. Aspermon II solidos. Berra II solidos (4). Drap VI denarios. Pilia II solidos (5). Mannoinas et Castellet VI denarios. Gastum VI denarios. Coroles VI denarios. Caudarasa XV denarios. Brechet VI denarios. Sanctus Martinus VI denarios. Sanctus Stephanus de Blora IV denarios.

38.

De Sinodo.

Breve de sinodo. Esa solidos II. Turbia XII denarios. Lax XII denarios. Drap XII denarios. Montolivo VI. Peilon XII. saec. XII.

(1) Locus vacuus in cod.
(2) Id.
(3) Cod. *Cancius.*
(4) Locus vacuus in cod.
(5) Id.

Peila II solidos. Roca XII. Aspermont XII. Rocheta XII. Levens XII. Roca sparvera VI. Brechet VI. Uels XII. Litore XII. Alluc VI. Clanz XII. Poiet de Garner VI. Bairols XII. Mansohis XII. Mansohis XII. Bonvilar VI. Toet XII. Leuca XII. Sanctus Petrus de Canz VI. Pirlas XII. Ilonza II solidos. Rora XII. Sanctus Salvator VI. Rubion VI. Leudula XII. Sanctus Stephanus XVI. Sanctus Dalmacius VI. Maria VI. Raimplaz XVIII. Vallis de Lantosca VIII solidos. Luceran XVI. Brau XII. Ungran XII. Ungran XII. Toet. VI. Comtes et Castelnovo III. Torretas II solidos. Coda rasa XVI. Berra VI denarios. Vilario VI. Miridol XII. Columar XII. Orbayach XII. Albasaina XII denarios.

39.

c. 1150 Stephanus Ermenaldi reddit in uno quoque anno IIII denarios melgorienses et medalla preterea, quas habuit a Bonfillo Comparat in Campo longo, et reddit quartonem de vinea de Remusato. Marta de Porta de mar pro domo et pro vinea XII denarios melgorienses. Guillelmus Gras pro
f° 93 bis recto. orto II solidos melgorienses, et III denaria. Fulco de Columba de ficubus (1) * et de oleribus et de omnibus que in orto sancti Torpetis habuerit, terciam partem canonicis dare

(1) Hinc incipit fragmentum quod, anno c. 1713, in regio tabulario taurinensi adfertum est.

debet. Bermundus Mainer et Guigo frater eius pro domo xII denaria et medalla melgoriensis. Lauger Rascaz pro domo III deners. Castellan et domina sua III denaria. Guaucerannus de Pellon III denaria et medalla cum Castellano. Stephanus Gallina III denaria et medalla cum Laugerio. Guillelmus Benedicte et Loterius frater eius xII melgorienses pro domo. Raimundus Clementis II solidos melgorienses. Omnes isti pro domibus decimam piscium reddunt. Corenna novem denarios melgorienses et decimam piscium. Petrus Bos de Angulo pro domo decimam piscium. Guillelmus Gili cum fratribus suis pro domibus Campi Marcii xvIII denarios. Poncius Guarner pro domo Campi Marcii vI denarios melgorienses. Willelmus Marinus et frater eius Gullielmus debent dare vI denarios ianuinos pro terra quam plantaverunt in Chimers, in qua habemus quartam partem, quam solucionem debet facere Guillelmus Transsudatus. Bermundus Mainer et Guigo frater eius reddunt quartones et tascas de omnibus vineis et terris que sunt de manso Engiler; Lauger Rascas similiter et Castellanus et domina sua, Guaucerannus de Pellon. Stephanus Galline de vinea quam habet pro uxore sua quartonem. Guillelmus Benedicte et Loterius frater eius de omnibus vineis et terris quas habent de manso Engilerii quartonem et tascam reddunt. Guillelmus Iras de omnibus vineis et terris que fuerunt de Corenna quartonem. Petrus Bonosa [1] de vinea quam habuit pro uxore quarto-

(1) Idem ac *Petrus Bos* de quo superius agitur. Sic apud Niceam mons *Bonosus*, antiquitus mons *Bosonis* et nunc *Mont-Boron*.

nem. Raimundus Serena de vinea que fuit de Remusat quartonem. Stephanus Ermenaldi de vinea que fuit de Remusat quartonem. Germanus et Johannes frater eius de vinea Pauli Subrada quartonem. Petrus Gaufre et Petrus Faber et Anselmus Donadeu de vinea que est iuxta flumen Pallionis quartonem. Johannes Aicardi et Poncius de Mirindol quartonem et tascam. Guillelmus Salurni et Stephanus de Pilia de vinea Sancti Martini quartonem. Guillelmus da Laura de vinea de Calvairolas quartonem. Progenies Petri Donadeu de vineis de Clanso reddit quartonem. Juliana Regina, Bona Regina, Ponza Matona quartonem. Petrus Medicus et Guillelmus frater eius de vinea de Cimer, que est iuxta vinea Bermundi Giraldi dat quartonem et VI denarios melgorienses de receto. Johannes Ros et Stephanus de Pelia de vineis del cros de Sancto Michaele als Gips iuxta flumen Pallionis. Guillelmus Salurni de terra Sancti Michaelis iuxta gorg de Raimundo tascam. Ugo Boiet in vineis et terris quas habet de manso de Angiler quartonem et tascam. Bermundus Mainer de faisa Campi longii que fuit de Columba tascam. Teuza de Gontard de campo de Regina tascam. Poncius Beroard tascam. Petrus Oculos de boc et fratres sui tascam de terra que est in colla Saramannis. India [1] de terra que est iuxta pratum sancte Marie tascam. Guillelmus Badat de terra sua iuxta pratum episcopi tascam. Raimundus Ausan de terra de Volpet tascam et de alia terra que est

(1) Cfr. cart. Lerini, p. 84.

in monte Bonoso ipse et neptis eius India tascam. Marta et * Andreas Gallina de terra de Volpet tascam. Johannes Rainaldi dedit sancte Marie tascam in terra sua que est in Monte Gros iuxta terra de Filippo. Uxor Petri Auberti de vinea de Calvairol que est iuxta vineam Guillelmi Iatbaldi quartonem, quam vineam Poncius Gisberni in pignore habet. Ansemus da Laura de vinea de Calvairolis et frater eius Petrus da Laura quartonem et pro orto in uno quolibet anno sextarium ficus et duos pullos. Poncius Villa et frater eius Petrus VIIII denarios melgorienses et pullos et fogacias de vinea quam habuit de Petro Boso et de Durando nepote suo a la Bufa quartonem vel tascam et sextarium ficus. f° 96bis verso

40.

Notum sit omnibus hominibus futuri et presentibus quod ecclesiam Sancte Marie (1) de Portu Monacho probi viri de la Turbia quam edificaverunt et sacrare fecerunt, sancte Marie sedis Nicensis dederunt et presuli Archibaldi et canonicis eius et successoribus eius cum honore quem donaverunt IIII fratres, Bernardus, Logerius, Folcardus, Petrus et nepotes eorum Ioscerannus et Isnardus et Adelbertus ecclesie de Portu Monacho, videlicet cimiterium et ferraginem que est c. 1078.

(1) Haec ecclesia extiterat in podio Monachi, nec erat ecclesia S. Devotae, ut in notula R. tabularii taurinensis putabatur.

ante ecclesiam, VIII sexteradas terre et iuxta hanc terram alias VIII sexteradas donant Aldebertus de Monte Olivo et filius eius Poncius, Petrus de Frodoara et Hugo filius eius et Johannes Pelat et Guntardus et Petrus Aldobrannus; et de alia parte vigintiquinque sexteradas optime terre ad campum del Molinet donant et concedunt; et Petrus de Frodoara vineam a las Terrizas et Bertrannus duas sexteradas al Carner et Gontardus de Fosignana III sexteradas vinee. Isti autem doni et carte sancte Marie virginis sunt datores, firmatores et testes quatuor hi supradicti fratres et nepotes eorum et Petrus de Frodoara et Hugo filius eius, Johannes Pelat, Gontardus, Bertrannus, Gontardus de Fosignana, Aldebertus Ainart, presbiter Amice, Petrus Aldebrannus, Richelmus: hii sunt testes et firmatores. Martinus qui scripsit donum honoris et ipse testis; et ita mortuo Martino, cum consilio hominum horum heredum de la Turbia, alius ponetur in loco. Et Johannes presbiter donat duas sexteradas terre alla colla del Sperons et duas supra pratum et unam quartaradam de vinea ad Eza.

f° 96ter recto. * 41.

1152. Anno ab incarnato domino MCLII, iuxta questa, in presentia domini Guillelmi Hebredunensis archiepiscopi, ab ipso episcopo Niciensis ecclesie... quibusdam eiusdem ecclesie canonicis super quartam partem cuiusdam terre que est in

Chimela, quam canonici Nicienses, tempore quo eorum ecclesia vacabat pastore, titulo vendicionis Guillelmo et Guillelmo Marin fratribus vendiderunt... LXXXV solidos melgoriensium acceperunt. Quam quia contra canonis vendiderunt, per iusticiam recuperare poterant... veruntamen (?) iam dictam terram, consentiente archiepiscopo, tali conventione supradictis fratribus Guillielmo et Guillielmo habere concessimus ut in unoquoque anno circa nathale domini VI denarios ianuensium canonicis reddant. Factum est hoc in presentia infrascriptorum clericorum et laicorum, quorum nomina sunt hec: Raimundus Ugoleni, Stephanus presbiter, Raimundus Boza, Raimundus Serena, Fulco Badat, Iordanus Richerius, Raimundus Raimbaldi, Bertrandus de Solario.

42.

In nomine domini nostri Jhesu Cristi. Omnibus notum 1156.
flat hominibus tam presentibus quam futuris, quod anno ab incarnato Dei filio M. C. L. VI ego Bernardus Guillelmi de Alagauzia, mortem metuens sempiternam et vitam desiderans perpetuam, reliquens et perpetua dimittens decimas quas hactenus iniuste tenui contra interdictum Arnaldi Niciensis episcopi in territorio de Orbazac vel in toto episcopatu Niciensi, super altare Sancte Marie et beati Iohannis de Bello loco in Olivo iureiurando iam dicto episcopo et successoribus suis restituo. De iniuria autem, quam de istis decimi hactenus

sibi feci, pro beneplacito et misericordia eius, emendare firmiter promitto. Huius dimissionis et promissionis testes sunt qui viderunt et audiverunt, Stephanus presbiter canonicus sancte Marie, Guillelmus Rollandi, Petrus Laugerii, presbiteri canonici Nicenses, Gaifredus de Monte Olivo, Malus clavellus carpentarius de Nicia.

43.

1100-1115. Karissimis fratribus et dominis I[snardo] (1), Dei gratia Nicensis episcopo et Bertsando eiusdem ecclesie preposito et capitulo, G. eadem gratia Magalensis episcopus et G. eiusdem prepositus cum universo capitulo salutem. Etenim sicut amministrare temporalia ut non amittantur eterna, de honore et de servicio quod karissimo fratri nostro archidiacono et aliis suis sociis diligenti cura et studio impendistis uberiores grates referimus et ad ea que nostro discretio mandaverit nos reddimus debitores peticionem iniuriam quam de purissimo karitatis fonte processit gratantes recipimus, insuper uberiores concedentes ut sicut canonici sancte Marie de Cassiano cum presentes fuerimus in uno capitulo. in uno refectorio intervenientes, una fide et uno spi-

(1) Forte *Isnardo*, nam Episcopum Isoardum nunquam fuisse credimus; in diplomate enim Arnaldi (n. 86) nulla infertur mentio, nisi de antecessoribus *Isnardo* et *Petro*.

ritu ambulemus et sic legem Christi adimplentes, tam in temporalibus quam in spiritualibus, honera subportemus; sic etiam licet diversa moncium intervalla et lata maris spacia nos corporaliter... quam dominus venit in terram mittere nos coniungat. Obitus igitur vestros et nostrum recipie... delicta persolventes... et non concessu in habitu iam dictis et factis vestris bonam conversationem... osten... et... Magalensi ecclesia... filius sapiens enim letificat patrem... [1].

44.

* *De decimis de Levenz.* f° 97.

Bertrandus Laugerii et Gaucerannus frater eius reddiderunt Deo et beate Marie Nicensi atque preposito et canonicis et successoribus eorum medietatem decimi de castello Levenni, de omnibus rebus. Et quia ipsi reddiderunt, Iohannes prepositus cum canonicis suis eis dedit c. v. solidos papienses et insuper in altari sancti Iohannis Baptiste iuraverunt ita dicendo: Aus tu, Iohannes prepositus et tu Rostagnus Gigo, qui per manus nos tenes, ego Bertrannus Laugerii et ego Gaucerannus frater eius, nos iuramus quod 1109 (2).

(1) Cum secunda pagina, annis abrasa, alterius folii desinit fragmentum R. tabularii taurinensis.

(2) Hic annus nobis suasus fuit tempore Iohannis praepositi Niciensis de quo vide n. 3.

nos decimum de castello Levenni non tollemus Deo et sancte Marie et preposito Iohanni et suis canonicis, nos neque homo neque femina per nostrum consilium neque successoribus tuis; et si homo vel femina lo tollia, nos sine malo ingenio adiuvabimus te ad recuperare, si Deus nos adiuvet et iste sanctus. Et super sacramentum quod fecimus tibi atque canonicis si perdideris decimum et recuperare non poteris, Deo et sancte Marie atque tibi et canonicis, tam presentibus quam futuris, quartones de vineis quas infra territorium Nicie habemus, donamus et persolvimus. In presbiterato vero nos ultra XII denarios non accipiemus, neque tollemus per forza neque per fraudem aliquam. Testes sunt Richerius, Bermundus Giraldi, Rostagnus Guigo.

45.

De eisdem decimis.

c. 1125. Bertrannus Laugerius abstulit decimas de Levendis domino episcopo et preposito nec non et canonicis vi et rapina, unde episcopus et prepositus atque canonici volentes conqueri ad comitem de hoc facto, ipse Bertrannus iuravit quod faceret placitum secundum voluntatem episcopi et prepositi atque canonicorum, quod decimas deinceps supradictas aufferre voluerit, ultra VI sextarios quicquid dicit se habere in civitate Nicie vel in toto territorio ut quicquid aliqui per eum habere; dimittit omnino episcopo et preposito atque canonicis tali pacto, si infra mensem ablata, secundum voluntatem episcopi et prepositi atque canonicorum, reddere nollet. Isti sunt testes huius rei: Bermundus Giraudus. Rostagnus Guigo. Stephanus Bada. Milo Bada. Guillemus de Cateiras. Guillielmus sancti Pauli. Petrus Crispus (1). Petrus Ugo de Levenni.

46.

De sancta Maria de portu Monacho.

Anno ab incarnacione domini M. C. XL. VIIII. Tam presen- 1149.
tibus quam futuris pateat hominibus quod ego Guilelma uxor Feraudi de Isia dono, laudo et sacramento confirmo Deo et ecclesie sancte Marie de portu Monaco et episcopo Nicensi nomine Petro et successoribus suis et presentibus canonicis et futuris unam peciam de terra Dalcoto super vineam de Guilelmo Isnar et unam peciam de terra de la Fon de Monaco et totum honorem illum quem habuit pro me et pro patre meo Bergordia, excepta vinea Bertranni de Berra et lo quarton de decimis de la Turbia. Ex hac donacione testes
sunt: Baltugat, Ugo Fulcard, Raimun Lombarda, * Ugo Gau- f° 98.
ceran, Guillelmus Gauceran, Raimbaldus de Nicia iudex, Petrus Aicart, Guillelmus Bouza, Raimundus Rustigue et

(1) Cfr. Cart. Lerini, p. 88, 123, a. 1130, 1131.

hii canonici qui presentes fuerunt et hoc donum susceperunt: Raimundus Laugerii, Raimundus de Abolena, Stephanus et Raimundus Trebuc, qui tunc se reddidit Deo et beate Marie de portu Monaco et supradicto episcopo Petro, qui eum in iam dictam ecclesiam servire mandavit. Iterum supradicta domina, ut hoc donum firmum et stabile permaneat, fideiussores dedit Baltugat, Ugo Folcard, Raimun Lombarda.

47.

Donum de Campo Marcii.

1144. Anno ab incarnacione Domini M. C. XL. IIII. Ego Guillelmus Vintimiliensis et ego Rostagnus Raimbaldi cognatus eius, pro remissione peccatorum nostrorum et parentum nostrorum, damus ecclesie Dei genitricis virginis Marie et ecclesie beati arcangeli Michaelis et tibi Petro Niciensi episcopo atque successoribus tuis et omnibus canonicis, Guillelmo Ermenaldi et Loterio, Petro Michaeli, Raimundo Laugerii, Raimundo de Abolena, Raimundo Ugoleni, Bertrando de Iloncia, Rodlando et ceteris qui nunc sunt vel futuri erunt, honorem qui vulgo dicitur Campo Marcii, ut habeant et teneant in perpetuum quicquid iuris habere credebamus. Quem honorem sic determinamus: a domo Poncii Gisberni usque ad ecclesiam beati Martini, et a Rocha que dicitur plana, usque ad viam que publica est in ipso Campo Marcio. Habeant itaque et possideant ad honorem Dei et supradictarum ecclesiarum dominus Petrus Niciensis episcopus, qui nunc est et successores sui et cuncti canonici presentes et futuri quicquid infra supradictos terminos conclusimus sine omni tenore et sine omni dolo. Nos vero qui hanc donacionem vidimus, nomine testium subscribi volumus. Ego Bermundus Giraldi testis. Raimundus Ausani testis. Raimundus Serena. Guillelmus Badati qui tunc consul eram. Trencherius. Petrus Raimbaldi. Rostagnus Badati. Poncius Guarnerii. Amedeus de Ungran. Trebal. Bertrannus de Berra et Isoardus frater eius.

48.

Quod liceat canonicis habere dono potestatum, honores, sive dono vel emptione.

Ad honorem Dei et sancte Dei genitricis virginis Marie, 1108.
tibi Isnardo Dei gratia Niciensi episcopo et successoribus tuis et canonicis presentibus et futuris et canonice et illis qui intraverint et canonice in domo sancte Marie vivere et conversare voluerint, potestates Nicie civitatis, scilicet Raimbaldus Aurasicensis, Franco, Raimbaldus Laugerii [1] et Guillelmus Assalit donant et concedunt et auctorizant omnes honores suorum hominum sive cultos sive incultos et pecunias quos vel quas dare aut iudicare pro animabus suis voluerint sive in vita sive in morte, habere perpetuo concedunt. Super

(1) Cod. *Laug*, compendii nota litterae *g* adiuncta.

hoc etiam loca domorum Bosonis de Angulo et Iatberti que sita est iuxta domum Poncii Guarnerii. Anno ab incarnacione domini M. C. VIII. Richerius testis. Bermundus Giraldi testis. Rostagnus Guigo testis. Guillelmus Raimbaldi testis.

49.

Donum Petri Guillelmi.

c. 1115. Notum sit omnibus hominibus quod Petrus Guillelmi, pro
f° 99. redemptione anime sue et patris, dat sancte Marie * et in domo canonicorum, pro elemosina, medietatem cuiusdam agri in Olivo et suam partem vinee que fuit Petri de Laura et unum vas XXX somadas tenens et suam partem quartonis vinee Guillelmi Galline donat sancto Stephano, et sante Marie et canonicis donat IIII denarios census cuiusdam domus, aut Cor in deu, aut Lamberti Garra. Johannes presbiter testis. Petrus Esparron testis. Bermundus Giraldi testis. Bernardus Asalo testis.

50.

De campo et il zera et de terra de Calvairolis.

1141. Anno ab incarnacione domini M. C. XL. I. Ego in Dei nomine Raimundus Codenna faciens testamentum dono Deo et beate Marie et canonicis pro redemptione anime mee campum quem in Olivo habeo et il ceran que est in Monte Gros et terram que fuit de Gabaldo Vergilie in Calvairolas. Guillelmus Ermenaldi testis. Iohannes Dodo testis. Ugo Ademar testis. Petrus Cotian. Petrus Rostagni testis. Petrus Aicardi testis. Isnardus Grosol. Petrus Gaufredi testis. Petrus Gasco testis.

51.

De honore Guillelmi Guigonis, ex qua III *libras olei.*

Presentibus et futuris pateat hominibus quod Nicienses canonici iusto titulo totum honorem, quem Guillemus Guigo diaconus et canonicus vivens tenebat, requirebant. Venientes autem fratres eius et nepotes, scilicet Rostagnus Guigo et filii eius, Guillelmus Richardi et Petrus et Bertrannus, Raimundus, Fulco Ricardi et Guigo filius eius, Sicardus et Milo frater eius et Guillelmus Rufus in presencia canonicorum, quicquid iuris in toto honore predicti Guillelmi habere confidebant, in manum istorum canonicorum, Loterii, Iohannis Dodo, Ugonis Ademar, Raimundi Laugerii, Petri Rostagni, Raimundi Ugoleni et ceterorum, perpetua dimissione dereliquerunt. Tunc canonici, communicato fratrum consilio, predictum honorem eis habere concesserunt, III libras olei in unoquoque anno retinentes et domum que dicitur Butea quatenus ecclesie et canonicis in fidelitate et servicio permaneant. Et de ipso honore ullo modo placitari non debent, c. 1150.

nisi per manum canonicorum. Factum hoc est in ecclesia beate Marie infra portas iuxta campanile, infra colonnas, existentibus consulibus, Raimundo Ausan, Raimundo Asten, Raimundo Raimbaldi, Petro Richardi. Testes sunt Gabaldus Asten, Guillelmus Boer, Guillelmus de Pilia, Milo Badat, Aubertus Giraldi, Guillelmus Gabaldi, Poncius Gisberni, Guillelmus Marin, Bermundus Manerii.

52.

Donum de ecclesia de Guasto.

1141. Anno ab incarnacione domini M. C. XL. I. Petrus Niciensis ecclesie episcopus, consilio canonicorum suorum dedit atque concessit hospitali iherosolimitano ecclesiam del Gast. Retinuit tamen in ea sinodum, et pro redditu ecclesie III solidos mergoliensium, terciam partem mortalicii eiusdem ville; medietatem vero omnium que aliunde pro mortuis ibi venerint excipiuntur omnes equiter a te. Hoc autem factum est in manu Arnaldi legati. Et si aliqua occasione aliis ecclesiis que sunt in valle Lantosce tam divinum officium quam sepultura fieri negarent, in ecclesia del Gast confratribus, nisi propria culpa interdicti fuerint, divinum officium et sepulturam non negabimus. Huius donacionis sunt testes Arnaldus legati, Iohannes de Ramma, Guillelmus de sancto Germano, Guillelmus Ermenaldi, Petrus Michaelis, Ugo Ademar, Raimundus de Abolena, Raimundus Laugerii, Bertrandus de Iloncia.

53.

Placitum monachorum sancti Poncii et canonicorum. * f° 100.

Hoc est placitum quod episcopus Nicensis et canonici Nicenses fecerunt cum priore sancti Poncii et aliis monachis; defuncto abbate, nemine electo, archiepiscopus Ebredunensis iussit ut canonici haberent omnes decimas territorii civitatis Nicie, exceptis decimis trium condaminarum de Var, de Ienolet, exceptis decimis vinearum condamine de Calvairolas, quarum decimarum supradictarum condaminarum et vinearum, medietas est canonicorum et alia medietas monachorum: preterea omnes decime terrarum atque vinearum sive ortorum sancte Reparate, quas ipsa possidet vel quislibet pro ea, sunt monachorum. A Gipo susum medietas decimarum est canonicorum et alia monachorum. A passu Iuliani sursum omnes decime sunt monachorum. Duas saumatas vini, quas canonici solebant recipere in vinea dels Cairos, relinqunt monachis. Decime possessionis de Compost, de Polomar, de Grossa sunt canonichorum. Omnes decime territorii dels Matz sunt monachorum, exceptis decimis de manso Bonizi del Basc et Graciani et Pelevert, medietas quarum est canonicorum et alia monachorum. Parrochiani Nicie civitatis, qui vivi sani vel infirmi pergere voluerint, causa tumulandi, ad ecclesiam sancti Poncii, salvo iure mortalagii Niciensis ecclesie, cum ceteris bonis libere pergant. Postquam vero de-

1143
15 iun.

functus fuerit in Nicia, apud ecclesiam Niciensem sepulturam habeat. Si vero aliquid in testamento ecclesie sancti Poncii reliquerit, hoc ipsa ecclesia habeat. Habitantes autem in novo suburbio sancti Poncii et dels Matz, apud ecclesiam sancti Poncii sepeliantur. Episcopus et canonici concedunt monachis et laudant omnes ecclesias quas possident. Monachi autem, reliqunt episcopo et canonicis ecclesiam de Pilia et ecclesiam de Villa Vetula et ecclesias de Olivo et ecclesiam sancte Tecle, sine querela. Monachi quoque relinqunt episcopo et canonicis omnes decimas quas adquisierunt infra II annos ante placitum; ceteras vero, quas ante duos annos iuste vel iniuste adquisierunt episcopus et canonici, concedunt eis et laudant. Presbiteros aptos ad regendas parrochias monachorum episcopo presentabunt et episcopus curam animarum eis (1) commitet. Hoc placitum testantur Gauzerandus prepositus Venciensis. Petrus prepositus sancti Romuli, Milo Badat, Raimundus Serena, Guillelmus Ricart, Iordanus, Poncius Gisbern, Franco Raimbald, Fulco Travaca, Raimundus Asten, Guillelmus Maïrona, Rostagnus Serena, Guillelmus Raimbalt. Hec subscriptio facta est XVII kalendas iulii, anno incarnacionis domini M. C. XL. III.

(1) Cod. *eius*.

54.

Arnaldus episcopus ecclesiam sancti Stephani sacristanie dedit.

In nomine domini. Ego Arnaldus Dei gratia Nicesis ecclesie episcopus, videns sacristaniam pene nullos habere redditus ad honorem Dei, ecclesiam beati Stephani martiris, que sita est iuxta portum Olivi, dono ad servitium altaris beate et gloriose virginis Marie et sacristanie libere in perpetuum habere concedo. Hoc donum factum est coram fratribus in capitulo. Anno ab incarnato Domino * M. C. L. I, XII kalendas novembris. In quo capitulo presens fuit Stephanus, Raimundus Ugolenus, in cuius manu hoc donum fecit quia sacrista erat, Ugo Ademar.

1151 21 oct. — f° 101.

55.

Giraldus filium cum honore sancte Marie dedit.

In nomine domini. In presencia horum subscriptorum canonicorum, Guillelmi Ermenaldi, Petri Michaelis, Loterii, Iohannis Dodo, Ugoni Ademaris, Rollandi et reliquorum, Giraldus Iherosolimam profecturus, cum consilio domini Petri episcopi veniens, filium suum parvulum nomine Iohanne pro canonico, cum medietate totius hereditatis sue in domibus,

1148.

vineis, ortis, campis, pratis, in terris cultis et in hermis, dare promisit et diem in qua coram vicinis suis reddendo filium, hoc plenarie faceret, statuit. Adveniente autem die, abito canonicorum cum episcopo consilio, Ugonem Ademaris et Rollandum ad castrum Drappi miserunt; quibus predictus Giraldus, sicut promiserat canonicis cum voluntate domini sui episcopi Petri, coram vicinis suis filium suum Iohannem cum medietate tocius hereditatis sue tradidit, eosque in possessione introduxit. Medietatem vero aliam domino suo episcopo Petro in pignore pro quinquaginta solidos melguriensium obligavit. Actum est hoc in mense februarii IIII nono eiusdem, anno ab incarnacione domini M. C. XL. VII. Guillelmus Gauceran testis. Laugerius testis. Isnardus testis. Laugerius testis. Guillelmus Rollandi. Danihel. Richelmus.

56.

Petrus episcopus claustrum canonicis suis dedit.

1148. Omnibus notum fiat hominibus futuris et presentibus quod ego Niciesis ecclesie Petrus episcopus fratribus meis quos in unum, ut secundum regulam canonicorum viverent magno studio et labore convocavi, claustrum pro honestate servanda et pro capitulo regendo et pro studio habendo perpetua largitate concedendo dono. Quicquid igitur infra muros beati

Pauli et aule episcopi et beati Iohannis et reliquis muris circumcluditur claustrum nominamus et ut fratres ibi sepelliantur modis omnibus mandamus. Factum est autem hoc in mense marcii, anno ab incarnacione domini M. C. XL. VIII. Testes fuerunt Trincherius. Aubertus Giraldi. Guillelmus Marin. Trincherius Amalvina. Guillelmus Fumaz. Iterius.

57.

Arnaldus episcopus canonicis dedit et confirmavit que habebant et claustrum.

Anno ab incarnato domino M. C. L. I. in mense aprilis, IIII nonas eiusdem, luna XX. Notum sit omnibus hominibus presentibus atque sequentibus quod Niciensis ecclesie conventus, una cum episcopo suo Arnaldo, capitulum consueto more, hora statuta, intrantes, tractatis que tractanda erant, omnium illorum bonorum mobilium et immobilium que tempore predecessorum eius, dono vel concessione ipsorum, largicione principum, legato vel dono fidelium pro animabus suis seu aliis quibuslibet titulis inpresenciarum canonici possidebant, ab ipso laudari et confirmari canonice quesierunt. Audiens igitur et eorum peticiones clementer attendens, paterna voce omnia sicut quesierunt, sine mora concessit et confirmavit. Preterea claustrum in quo capitulum regebatur, sicut predecessor eius bone memorie, Petrus, canonice, pro hone- 1151 2 apr.

stato servanda fecisse dinoscitur, pro quo etiam, ut ipse fe-
f° 102. rebat, cum fratribus suis * in Aurasicensi capitulo supradicto Petrus suplicaverat, perpetua concessione fratribus suis et filiis donavit et confirmando laudavit. Erantque ibi subscripti fratres et canonici Petrus Michael, Raimundus Laugerii, Raimundus de Abolena, Raimundus Ugoleni, magister Durandus, Bertramus de Iloncia, Rollandus, Stephanus, Guillelmus Rollandi, Petrus Rostagni, Ugo Ademaris, Nicholaus, Fulco et Guillelmus.

58.

Bellieut et Guillelmus filius eius dimiserunt omnem decimum.

1151 In nomine sancte et individue trinitatis. Ego Belieut
4 apr. et filius meus Willelmus, timore et amore Dei compuncti, omnes decimas quas in castro Esé et in Lax vel ubicumque retinere videbamur, pro redempcione animarum nostrarum et mariti mei Guillelmi et filii mei Raimundi, in manu Arnaldi Niciensis episcopi perpetua redicione relinquimus, eo tenente librum IIII evangeliorum. Et ex hinc, neque de presbiteratis neque de decimis, nos nullo modo intromitere firmiter promittimus. Facta est autem huiusmodi dimissio sive reddicio in ecclesia beate Marie post ianuam, infra chorum et parietem ecclesie. Factum est itaque anno ab incarnato

domino M. C. L. I. intrante mense aprilis, II nonas eiusdem, luna XIIII. Testes sunt Petrus Michael, Ugo Ademaris, Raimundus Ugoleni, Raimundus de Abolena, Guillelmus Rollandi, Guillelmus Raimbaldi.

59.

Vineae Petri Gaufredi et Petri Fabri quartonem reddunt.

In nomine domini. Notum fieri volumus presentibus et futuris hominibus quod post multa annorum curricula in quibus ecclesia beate Marie et canonici ibidem Deo servientes in pace possederat terram que est inter flumen Pallionis et via publica, quam terram excolunt Iohannes Aicart et filia Guillelmi Pellizane, Anselmus Donadeu, Petrus Faber et Petrus Gaufredi, reddendo ecclesie tascam et quartonem vini, accidit autem ut Petrus Gaufre et Petrus Faber maliciose componerent ius ecclesie negare volentes, mortalicium vini debere, tascam vel quartonem aliquo in tempore nunquam reddidisse: quod in presencia consulum, scilicet Willelmi Raimbaldi, Bernardi, Oliverii Mairone ventilatum fuit. Testes ex parte canonicorum producti sunt Gandulfus, Phylippus, Isnardus Mulnerius, qui tascam et quartonem in predictis terris pro canonicis accepisse sacramento monstraverunt. Cognita itaque veritate, predicti consules canonicis

1151 30 sept.

tascam et quartonem in supradictas terras omni tempore habere indicaverunt. Factum est autem hoc anno ab incarnato domino M. C. L. . in mense septembris, XII kalendas octobris, luna VI. Presentes fuerunt magister Durandus, Raimundus de Abolena, Raimundus Ugoleni.

60.

Petrus Senoret terram de Olivo de Crotis canonicis reddidit.

1151
26 aug. In nomine domini. Notum sit presentibus et futuris hominibus quod canonici in infirmitate Petrum Senoret visitantes, querimoniam de honoribus ecclesiarum de Olivo, scilicet sancti Iohannis et beati Hospicii fecerunt, ipsumque terram beati Iohannis que est ad Crotas habere conquesti sunt. Quod sic esse sine dubio respondit. Igitur in manu canonicorum Raimundi Ugoleni, Stephani, Rollandi, predictam terram perpetua dimissione reliquit et pro delicto veniam quesivit. Factum est hoc anno ab incarnato domino M. C. L. I. in mense Augusti, VII kalendas septembris. Testes sunt Raimundus Ugoleni, Stephanus, Rollandus, Petrus Borgondius, Nicholaus, Stephanus Donadeu, Garnerius Aicart, Raimundus Senoret.

61.

De campo de Grosol. * f° 103.

Notum sit omnibus hominibus quod ego Ermengarda et Petrus maritus meus cambiamus sancte Marie et canonicis suis totum illud quod habebamus in colla de Grosol, et cultum et heremum, pro vinea de Carabassel, que fuit de Rostagno presbitero et pro IIII sextarios de annona et III de mil et III ordei. Huius rei testes sunt Aubertus filius Bermundi Giraldi, Guillelmus Rufus, Guillelmus Marinus minor, Raimundus Iaumar, Iohannes Escouta, Iohannes Burdo, Uzol, Petrus Azo qui erat baiulus et dedit bladum. c. 1150.

62.

De placito Milonis Badati et episcopi Petri.

Breve recordacionis placiti qualiter Milo Badatus, pro filia Isnardi Dalfini, quam filius eius (1) duxerat, Petrum Niciensem episcopum cum canonicis suis ante consules conduxit. In ecclesia utique beate Marie Milo Badatus vocavit supradictum episcopum Petrum et canonicos eius coram consulibus c. 1147. 6 aug.

(1) Fulco Badati cfr. n. 101.

Petro Raimbaldi, Petro Bermundi, Petro Aldebrandi, Raimundo Serena, sic exponens questionem suam. Ipse quippe petebat nomine filii et filiarum Isnardi Dalfini peciam unam de terra que est iuxta terram que fuit Ugoni monachi in Rocabellera. Contra hec dixit episcopus et canonici, quod Isnardus Dalfinus dedit supradicta terram sancte Marie pro Gaufredo consobrino suo et canonico eiusdem ecclesie. Huius donacionis testes fuerunt Ugo monacus, Guillelmus Gigo, Gaucerannus presbiter, Iohannes Dodo, Loterius. Et etiam dederunt testimonium consulibus supradictis, assistente multitudine populi ante crucem, ante altare, ante testum evangeliorum, Isnardus Beatriz et Guillelmus Lautardus, iam dato ab episcopo sacramento calumpnie. Hec omnia facta sunt in die apparicionis domini.

63.

De vinea Guillelmi da Laura.

c. 1125. Dominus prepositus et fratribus suis canonicis dona Wilelmus da Laura et a filiis et filiabus suis IIII sextaradas in Calvairolas de Rainer senex, a carto et a receto et in ali iusta semetipsum orto, I sestairata pro debitum unusquisque anno, uno sextario de ficus et duos pullos et duas focacias. Rostagnus Gigo testis et filio suo Wilelmus testis. Ugo Raibaut et Petrus Raibaut testes.

64.

Paulus dedit terram sancte Marie.

Cum Paulus Bellen facere vellet testamentum, pro redemptione anime sue IIII sextaradas terre sue ad Olivarium iuxta terram canonicorum beate Marie dimisit; quo defuncto, uxor eius ad secundas transiens nuptias, cum secundo marito canonicis, de ea terra, per aliquod tempus vim fecit. Secundo itaque marito mortuo, prefata uxor se deliquisse conspiciens, antequam domum rediret, in altari beate Marie manum suam imponens, terram illam, de qua vim fecerat, dimisit et veniam quesivit. Huius rei testes fuerunt Raimundus Ugoleni, Raimundus Barcella, Ugo Ademar, Rollandus, Iohannes Dodo. c. 1150

65.

Hospitali Raimundus honorem dedit.

In nomine Dei summi et individue trinitatis, ad honorem et laudem et gloriam ipsius qui de inmundo mundum potest facere, ego Raimundus Ausanni dono domino Deo * et gloriose beate virgini Marie et tibi domino Petro Niciensi episcopo et canonicis presentibus et futuris et hospitali qui 1136. f° 104.

vestro laudabili studio ad caput ecclesie Christi pauperibus paratus est, totum ex integro quicquid iuris habeo in Petro Gausmar et in heredibus suis, quos nomine pignoris a domino Asallido pro octo libris melgoriensium acceperam, pro redemptione anime mee et parentum meorum. Reddunt enim supradicti homines annuatim XVIII denarios mergolienses et medallam et IIII sextarios annone et iminam et decimam piscium et asinariam et quedam alia servicia pro voluntate domini sui. Factum est autem hoc donum anno ab incarnato domino M. C. XXXVI, feria VI. In presencia Petri Niciensi episcopi hoc donum pauperibus predicti hospitalis tradidit et in signum anulum in valvis ecclesie beate Marie deposuit et firmavit. Willelmus Ermenaldi et Willelmus sancti Martini, qui pro hac elemosina XX solidos valentinensium ei dederunt testes sunt. Iohannes Dodo. Loterius. Petrus Michael. Raimundus Ugoleni. Stephanus Badati. Milo Badati. Bernardus gener ipsius. Raimundus Boza.

66.

Guillelmus et Rostagnus hospitali de suo honore dederunt.

c. 1144. In Christi nomine. Ego Guillelmus Vintimilii et Rostagnus Raimbaldi cognatus [1] meus ad honorem Dei et beate

(1) Cfr. n. 47.

Marie virgini, tibi Petro Niciensi episcopo et canonicis presentibus et futuris, de honore nostro pro helemosina hospitali vestro, quem laudabiliter pro suscipiendis pauperibus erexistis, donamus et concedimus. Est utique donum istud quod facimus iuxta murum hospitalis, scilicet totum honorem quem tenent Petrus Gausmar et Helena et Petrus Escolta, cum ceteris coheredibus suis in integrum, sicut in hodierna die habere credimus. De helemosinis namque pauperum Willelmus sancti Martini, consilio Petri episcopi et canonicorum, centum solidos melgoriensium predicto Guillelmo Vintimilii, et peciam fustanii Rostagno Raimbaldi, que fuit Guillelmi Mairone et Olivarii, dedit. Hoc igitur donum et helemosinam fecerunt in presencia horum subscriptorum, Guillelmi Ermenaldi, Petri Michaelis, Loterii, Iohannis Dodoni, Ugoni Ademaris, Raimundi Ugoleni, Pauli Raimbaldi, Guillelmi Badati, Rainardi Foro iulii, qui centum, quos Guillelmus Vintimilii accepit, pro hoc dono credidit. Stephanus Badadi testis. Petrus Episcopi testis. Raimundus Ausan testis.

67.

De vinea Petri Medici.

Anno ab incarnacione domini M. C. XL. IIII. Regnante Conrado. Quia auctoritas iubet ecclesiastica et legum statuta, ut quicumque de suo in alterius potestate transfundere voluerit 1144.

per paginam testamenti faciat, nos Nicienses canonici, tibi Martino et fratribus tuis Petro Medico et Guillelmo, damus et concedimus unam peciam terre que est in Chimela iuxta plantata Bermundi Giraldi, ut in unoquoque anno vi numos mergolienses canonicis pro censu persolvant; factaque vinea, quartonem dabunt, itaque non liceat illis eam vineam vendere aut pignorare sine consilio canonicorum ullo modo. Testis Raimundus Serena. Guillelmus Marin testis. Rostan Serena. Guillelmus Serena. Guillelmus Iatbaut testes.

68.

f° 105. (1) *Privilegium Pascalis pape,* *

1114 8 iun. Pascalis episcopus servus servorum Dei venerabili fratri Petro Nicensi episcopo eiusque successoribus canonice substituendis in perpetuum. Sicut iniusta poscentibus nullus est tribuendus effectus, sic legitima desiderancium non est differenda peticio. Tuis igitur, frater in Christo karissime, precibus annuentes, ad sancte Nicesis ecclesie, cui Deo auctore presides, pacem ac stabilitatem perpetuam presentis decreti sancimus, ut tibi deinceps tuisque legitimis successoribus episcopali iure regendum ac disponendum perpetuo maneat

(1) Huius privilegii pervetustum autogr. seu exemplar in cathedr. Nic. archiv. servatur, quod saec. xii exaratum videtur.

quicquid intra fines Nicensis parochie continentur (1), videlicet monasterium sancti Poncii cum ecclesiis ad ipsum pertinentibus, quas videlicet in eadem Nicensi parrochia legitime possidere cognoscitur (2); ecclesiam sancte Marie de Clancio et ecclesiam sancte Marie de Pilia. Castrum quod vocatur Drappum et relica omnia, que ad vestram Nicensem ecclesiam noscuntur legitime pertinere. Preterea quascumque possessiones, quecumque bona in futurum, liberalitate principum, oblacione fidelium, vel aliis iustis modis, largiente domino, poteris adipisci, firma tibi tuisque successoribus et illibata permaneant. Decernimus ergo, ut nulli omnino hominum liceat eandem ecclesiam temere perturbare, aut eius possessiones auferre vel ablatas retinere, minuere vel temerariis vexacionibus fatigare; sed omnia integra conserventur, tam tuis quam clericorum et pauperum usibus profutura. Si qua igitur in futurum ecclesiastica quelibet secularisve persona hanc nostre constitucionis paginam sciens, contra eam temere venire temptaverit, secundo terciove commonita, si non satisfactione congrua emendaverit, potestatis honorisque sui dignitate careat, reamque se divino iudicio existere de perpetrata iniquitate cognoscat et a sacratissimo corpore ac sanguine Dei et domini nostri Ihesu Christi aliena fiat, atque in extremo examine districte ulcioni subiaceat. Cunctis autem eidem loco iusta servantibus sit pax domini nostri Ihesu Christi; qua-

(1) Autogr. *continetur*.
(2) Autogr. *in quo predicto monasterio, abbas nisi per manus Nicensis episcopi minime*... hic in autogr. tres vel quatuor voces abrasae videntur.

tenus et hic fructum bone accionis percipiant et apud districtum iudicem premia eterne pacis inveniant. Amen. Amen. Amen. Ego Paschalis catholice ecclesie episcopus firmavi. Ego Petrus Portuensis episcopus firmavi. Ego Cono Prenestine *ecclesie* [1] *episcopus legi et scripsi. Ego Rainerius cardinalis* tituli sanctorum Marcellini et Petri legi et firmavi. Ego Teodoricus cardinalis tituli sancti Grisogoni legi et firmavi. Datum Tiberie per manum Grisogoni, agentis vice dompni Iohannis cancellarii. Anno dominice incarnacionis M. C. XV. [2] indictione VII, pontificatus autem domni Paschalis secundi pape anno XV, VI idus iunii.

69.

Privilegium Honorii pape.

1129 20 apr. Honorius episcopus servus servorum Dei, venerabili fratri Petro Nicensi episcopo eiusque successoribus canonice promovendis in perpetuum. In eminenti apostolice sedis specula disponente domino constituti, ex iniuncto nobis officio, fratres

f° 106. nostros episcopos diligere * et ecclesiis sibi a Deo commissis suam debemus iusticiam conservare. Proinde, karissime in domino frater Petre episcope, Nicensi ecclesie, cuius tibi a Deo cura commissa est, salubriter providentes statuimus, ut

(1) Autogr. *Prenestinus episcopus.*
(2) Computo Pisano.

quascumque possessiones, quecumque bona eadem ecclesia [1] iuste et canonice possidet, firma *tibi* tuisque successoribus et illibata permaneant. In quibus hec propriis nominibus duximus exprimenda. Ecclesiam videlicet sancte Marie de Olancio, ecclesiam *sancti Laurencii de Iloncia*, ecclesiam sancte Marie de Pilia, ecclesiam sancte Tecle, castrum quod vocatur Drappum, ecclesiam sancte Marie Ville Veteris, monasterium sancti Poncii cum ecclesiis ad ipsum pertinentibus, quas in Nicensi episcopatu legitime possidere cognoscitur; quecumque preterea, largiente Deo in futurum, concessione pontificum, liberalitate regum, largicione principum, oblacione fidelium, seu aliis modis, iuste et legitime poterit adipisci, firma tibi tuisque successoribus quieta persistant. Decernimus ergo ut nulli omnino hominum liceat eandem ecclesiam temere perturbare aut eius possessiones auferre, ablatas retinere, minuere vel temerariis vexacionibus fatigare; sed omnia integra conserventur, tam tuis quam pauperum usibus omnimodis profutura. Si qua igitur in posterum ecclesiastica secularisve persona, hanc nostre constitucionis paginam sciens, contra temere venire temptaverit, secundo terciove commonita, si non satisfactione congrua emendaverit, potestatis honorisque sui dignitate careat, reamque se divino iudicio existere de perpetrata iniquitate cognoscat et a sacratissimo corpore ac sanguine Dei et domini redemptoris nostri Ihesu Christi aliena fiat, atque in extremo examine districte ulcioni

(1) Autogr. *in presentiarum.*

subiaceat. Cunctis autem, prefate ecclesie iusta servantibus, sit pax domini nostri Ihesu Christi, quatenus et hic fructus bone accionis percipiant et apud districtum iudicem premia eterne pacis inveniant. Amen. Amen. Amen.

Ego Honorius catholice ecclesie episcopus firmavi. Ego Iohannes Ostiensis episcopus firmavi. Ego Gregorius presbiter cardinalis tituli Apostolorum firmavi. Ego Conradus Saviniensis [1] episcopus firmavi. Ego Deusdedit cardinalis tituli sancti Laurencii firmavi. Ego Gregorius diaconus et cardinalis sanctorum Sergii et Bacci firmavi. Ego Ubertus presbiter cardinalis tituli sancti Clementis firmavi. Data Laterani per manum Aimerici sancte Romane ecclesie diaconus cardinalis et cancellarius, XIII kalendas maii, indictione VII, incarnacionis dominice anno M. C. XX. VIIII, pontificatus autem domini Honorii secundi pape anno V. [2].

70.

Privilegium Innocencii pape [3].

1136 29 mart. Innocensius [4] episcopus servus servorum Dei venerabili fratri Petro Nicensi episcopo eiusque successoribus canonice

(1) Autogr. *Savinensis.*
(2) Appensae bullae in autogr. vestigia tantum supersunt.
(3) Huius privilegii exemplar extat in eadem membrana, de qua vide supra ad n. 68.
(4) Autogr. *Innocentius.*

promovendis in perpetuum. Officii nostri nos hortatur auctoritas pro ecclesiarum statu satagere et earum quieti et utilitati salubriter, auxiliante domino, providere. Dignum namque et honestati conveniens esse cognoscitur, ut qui ad ecclesiarum regimen assumpti sumus, eas et a pravorum hominum nequicia tueamur et beati Petri atque apostolice sedis patrocinio muniamus. Ea propter venerabili, frater Petre episcope, peticionem tuam clementer amittimus (1) et Niciensem ecclesiam cui, Deo auctore, preesse dinosceris, sancte Romane ecclesie privilegio * roboramus; statuentes ut ordo canonicus, f° 107.
qui secundum beati Augustini regulam tuo laudabili studio est in Nicensi ecclesia, Deo gratias, institutus, ibidem futuris temporibus irrefragabiliter observetur; (2) decedentibus clericis qui in presenciarum in ea domino famulantur, nullus eis, nisi regularem vitam professus, canonicus subrogetur. Obeunte quoque te, nunc eiusdem loci episcopo, nemo ibi preter quam *regularis episcopus preponatur, qui eidem ecclesie*, cooperante domino, preesse valeat et prodesse; decernimus etiam ut quecumque bona, quascumque possessiones eadem ecclesia in presenciarum iuste et canonice possidet, aut in futurum concessione pontificum, largicione regum vel principum, oblacione fidelium, seu aliis iustis modis, procurante *domino*, poteris adipisci, firma tibi tuisque successoribus in perpetuum et illibata serventur. In quibus hec propriis

(1) Autogr. *admittimus*.
(2) Autogr. *et*.

nominibus adnotanda subiunximus: ecclesiam videlicet sancte Marie de Clancio, ecclesiam sancti Laurencii de Iloncia, ecclesiam sancte Marie de Pilea, ecclesiam sancte Tecle, castrum quod vocatur Drappum, ecclesiam sancte Marie Ville Veteris, monasterium sancti Poncii cum ecclesiis ad ipsum pertinentibus, quas in Nicensi episcopatu legitime pertinere cognoscitur (1), ecclesiam sancte Marie de Olivo, ecclesiam sancti Hospicii. Nulli ergo hominum liceat quod a te super institucione prefate ecclesie factum est et a nobis firmatum, infringere vel mutare seu qualibet occasione convellere, nec eius possessiones auferre vel ablatas retinere, minuere seu quibuslibet molestacionibus fatigare; sed omnia integra conserventur eorum, pro quorum gubernacione et sustentacione concessa sunt, usibus omnimodis profutura. Si qua igitur in posterum ecclesiastica secularisve persona hanc nostre constitucionis paginam sciens, contra eam temere temptaverit, secundo terciove commonita, si non reatum sui congrua satisfactione correxerit, potestatis honorisque sui dignitate careat et a sacratissimo corpore ac sanguine Dei et domini nostri Ihesu Christi aliena fiat, atque in extremo examine districte ulcioni subiaceat. Cunctis vero eidem ecclesie sua iura servantibus, sit pax domini nostri Ihesu Christi, quatinus et hic fructum bone accionis percipiant et apud districtum iudicem premia eterne pacis inveniant. Amen. Amen. Amen.

(1) Autogr. *preterea mandamus ut in predicto monasterio sancti Poncii, abbas nisi per manus episcopi Niciensis consecretur*... hic quatuor vel quinque voces abrasae.

Ego Innocencius catholice ecclesie episcopus firmavi. Ego Guillelmus Prenestinus episcopus firmavi. Ego Ubaldus diaconus cardinalis sancte Marie in via Latina firmavi. Ego Grisogonus diaconus cardinalis sancte Marie in porticu firmavi. Ego Anselmus presbiter cardinalis firmavi. Ego Lictifredus presbiter cardinalis tituli Vestine firmavi. Ego Lucas presbiter cardinalis tituli sanctorum Iohannis et Pauli firmavi. Data Pisis per manum Aimerici sancte Romane ecclesie diaconus cardinalis et cancellarius, III (1) kalendas aprilis, indicione XIIII, incarnacionis dominice anno M. C. XXX. VII (2), pontificatus domini Innocencii pape II anno VII.

71.

Privilegium Lucii pape.

Lucius episcopus servus servorum Dei, venerabili fratri 1144
Petro Nicensi episcopo eiusque successoribus canonice substi- 5 apr.
tuendis in perpetuum. Officii nostri * nos hortatur auctoritas f° 108.
pro ecclesiarum statu satagere et earum quieti et utilitati salubriter, auxiliante domino, providere. Dignum namque et honestati conveniens esse cognoscitur, ut qui ad ecclesiarum regimen assumpti sumus, eas et a pravorum hominum nequitia tueamur et beati Petri atque apostolice sedis patro-

(1) Autogr. habet *IIII kal.*
(2) Computo Pisano.

cinio muniamus. Eapropter venerabili frater Petre episcope, peticiones tuas clementer admittimus et Nicensem ecclesiam cui, Deo auctoritate, preesse dignosceris, sancte Romane ecclesie privilegio roboramus; statuentes ut ordo canonicus qui secundum beati Augustini regulam tuo laudabili studio est in Nicensi ecclesia, Deo gratias, institutus, ibidem futuris temporibus irrefragabiliter observetur et decedentibus clericis qui in presenciarum in ea domino famulantur, nullus eis, nisi regularem vitam professus, canonicus subrogetur. Obeunte quoque te, nunc eiusdem loci episcopo, nullus ibi, nisi quem ipsi fratres de sua, si idoneus ibi reppertus fuerit, sive de alia canonicorum regularium congregacione canonice elegerint, episcopus statuatur; qui eidem ecclesie, cooperante domino, preesse valeat et prodesse. Decernimus etiam ut quecumque bona, quascumque possessiones eadem ecclesia in presenciarum iuste et canonice possidet aut in futurum, concessione pontificum, largitione regum vel principum, oblacione fidelium seu aliis iustis modis procurante domino, poterit adipisci, firma tibi tuisque successoribus et eisdem religiosis fratribus in perpetuum et illibata serventur. In quibus hec propriis nominibus annotanda subiunximus: ecclesiam videlicet sancte Marie de Olancio, ecclesiam sancti Laurencii de Iloncia, ecclesias de Brau, ecclesiam sancte Marie de Pilia, ecclesiam sancte Tecle, castrum quod vocatur Drappum, ecclesiam sancte Marie Ville Veteris, ecclesias de Olivo, ecclesiam sancte Marie de Portu Monacho, monasterium sancti Poncii cum ecclesiis ad ipsum pertinentibus, quas in Nicensi episcopatu legitime possidere cognoscitur. Preterea mandamus ut in eodem monasterio abbas a monachis regulariter eligatur et per manus Niciensis episcopi benedicatur. Predecessoris quoque nostri, felicis memorie Urbani pape, vestigiis inherentes, statuimus ne in parrochialibus ecclesiis, quas tenent monachi in eodem episcopatu, absque vestro assensu presbiteros collocent, quibus, si idonei fuerint, cum eorundem monachorum consensu, parrochie curam commitatis, ut eiusmodi sacerdotes de plebis quidem cura vobis respondeant; monachis vero pro rebus temporalibus debitam subiectionem exhibeant. Nulli ergo hominum liceat quod a te super institucione prefate ecclesie factum est et a nobis firmatum, infringere vel mutare seu qualibet occasione convellere, nec eius possessiones auferre vel ablatas retinere seu quibuslibet molestacionibus fatigare, sed omnia integra conserventur eorum pro quorum gubernatione et sustentacione concessa sunt, usibus omnimodis profutura; salva in omnibus apostolice sedis auctoritate. Si qua igitur in posterum ecclesiastica secularisve persona hanc nostre constitucionis paginam sciens, contra eam temere * venire temptaverit, secundo terciove commonita, si non reatum suum congrua satisfactione correxerit, potestatis honorisque sui dignitate careat et a sacratissimo corpore et sanguine Dei et domini nostri Ihesu Christi aliena fiat atque in extremo examine districte ultioni subiaceat. Cunctis vero eidem ecclesie sua iura servantibus sit pax domini nostri Ihesu Christi, quatinus et hic fructum bone actionis percipiant et apud districtum iudicem premia eterne pacis inveniant. Amen.

f° 109.

Amen. Amen. Ego Lucius catholice ecclesie episcopus. Ego Conradus Sabiniensis episcopus. Ego Teodewimus sancte Ruphine episcopus. Ego Albericus Hostiensis episcopus. Ego Imarus Tusculanus episcopus. Ego Petrus Albanensis episcopus. Ego Gregorius presbiter cardinalis tituli Calixti. Ego Rainerius presbiter cardinalis tituli sancte Prisce. Ego Petrus presbiter cardinalis tituli Pastoris. Ego Thomas presbiter cardinalis tituli sancte Vestine. Ego Ubaldus presbiter cardinalis sancte Praxedis. Ego Rainerius presbiter cardinalis tituli sancti Stephani in Celio monte. Ego Gregorius diaconus cardinalis tituli sanctorum Sergii et Bachi. Ego Oto diaconus cardinalis sancti Georgii ad velum aureum. Ego Guido diaconus cardinalis sanctorum Cosme et Damiani. Ego Guido in Romana ecclesia altaris minister indignus. Ego Johannes diaconus cardinalis sancte Marie nove. Data Laterani per manum Baronis capellani et scriptoris. Nonas aprilis, indictione VII, incarnacionis dominice anno M. C. XL. IIII. Pontificatus vero domini Lucii secundi pape anno primo.

72

Lucius papa Guillelmo Ebredumensi archiepiscopo.

c. 1144. Venerabili fratri Guillelmo Ebredunensi archiepiscopo salutem et apostolicam benedictionem. Fratrum Nicensis ecclesie querelam accepimus, quod consecracionem abbatis sancti Poncii que et ad ius Nicensis ecclesie pertinet, atque Romanorum pontificum, Pascalis videlicet, Honorii, Innocencii privilegiis, eidem ecclesie confirmata, nec non et a predecessore tuo Benedicto et te ipso concessa est, iniuste sibi conaris auferre. Quia igitur tui officii est eidem ecclesie iusticiam conservare, et ab aliis etiam defensare, per apostolica tibi scripta mandamus, quatinus eiusdem abbatis consecracionem venerabili fratri nostro Petro episcopo et ecclesie Nicensi, sicut hactenus habuisse dinoscitur, in pace dimittas. Illi vero, qui in eadem ecclesia sancti Poncii electus est, firmiter precipias ut a prefato fratre nostro Niciensi episcopo, quem admodum predecessor suus fecisse dinoscitur, debitam benedictionem suscipiat. Si vero aliquam ibidem te confidis habere iusticiam, congruo loco et tempore, ordine iudiciario poteris obtinere.

73.

Eugenius Guillelmo Ebredunensi.

Eugenius episcopus servus servorum Dei venerabili fratri Guillelmo Ebredunensi archiepiscopo salutem et apostolicam benedictionem. Venerabilis frater noster Petrus Niciensis epi- 1145 (1) 27 apr.

(1) Eugenius papa III Viterbi moratus est a. 1145 et 1146. Vid. Iaffé regest. pontif.

scopus ad sedem apostolicam veniens, conquestus est quod abbatiam sancti Poncii, quam Nicensis ecclesia xxx annis et amplius quiete possedit, ei abstuleris, ipsoque nolente et contradicente et sedem apostolicam apellante, abbatem in eadem abbatia benedixeris. Ad maiorem itaque contemptum sedis apostolice, absque cuius auctoritate episcopum deponere nulli licitum est, in refutacione episcopatus anulum de ipsius episcopi manu susceperis. In quo quantum excesseris, si sollicita consideracione pensasses, nequaquam ad tam illicita manum porrigere presumsisses. Quia igitur tantum excessum
f° 110. inrequisitum * et impunitum preterire nolumus nec debemus, per apostolica tibi scripta mandamus, quatinus proxima beati Luce festivitate nostro te conspectui representes, eidem episcopo de supradictis respondere et nobis de tanta presuncione satisfacere preparatus; prefatum vero sancti Poncii abbatem, omni occasione remota, tecum adducas. Data Viterbi v kalendas maii.

74.

Eugenius papa Bertrando priori sancti Poncii.

1145. Eugenius episcopus servus servorum Dei, dilectis filiis
1146 (1) 8 nov. Bertrando priori sancti Poncii eiusque fratribus salutem et

(1) Vid. Iaffé regest. pontif.

apostolicam benedicionem. Qualiter frater noster Petrus Niciensis episcopus pro recuperanda iusticia sua in ecclesia vestra personam suam magnis laboribus exposuerit, vobis non credimus esse incognitum. Ideoque nos, quorum precipue interest suam unicuique iusticiam conservare, considerata iusticia eiusdem fratris nostri et diligenter cognita, fratrum nostrorum comunicato consilio, possessionem eiusdem monasterii, sicut fuerat antequam frater noster Guillelmus Ebredunensis archiepiscopus abbatem in eodem monasterio benediceret, sibi restituimus. Ipsum vero abbatem, quoniam contra sedis apostolice privilegia et Niciensis episcopi prohibicionem, a quo non debuit, benedictionem suscepit, omni abbacie officio, apostolica auctoritate, inrefragabiliter privavimus. Ideoque per apostolica vobis scripta precipiendo mandamus, quatinus tam in eligendo abbate quam in aliis ecclesiasticis negociis in eodem monasterio statuendis, debitam obedientiam ac reverenciam eidem episcopo vestro, sicut hactenus fecistis, absque contradictione aliqua exhibeatis. Data Viterbi VI idus novembris.

75.

Eugenius Petro Niciensi episcopo.

Eugenius episcopus servus servorum Dei venerabili fratri Petro Niciensi episcopo salutem et apostolicam benedictionem. (1) 1146 16 mai.

(1) Vid. Jaffé reg. pontif.

Quid de controversia que super abbatia sancti Poncii inter te et venerabilem fratrem nostrum Guillelmum Ebredunensem archiepiscopum agitur, fratrum nostrorum consilio iudicaverimus, litterarum memorie duximus commendandum. Anno preterito, dum Viterbi essemus, tam tu quam idem archiepiscopus, pro eadem controversia, nostro vos conspectui presentastis, atque raciones et allegaciones vestras diligenter exposuistis [1]. Quibus, cum fratribus nostris auditis et studiosius inquisitis, cognita violencia que ab ipso Ebredunensi in consecratione abbatis tibi illata fuerat, possessionem ipsius monasterii, sicut fuerat antequam idem archiepiscopus abbatem in eodem monasterio benediceret, tibi restituimus. Ipsum vero abbatem, quoniam, contra sedis apostolice privilegia et tuam prohibitionem, ab ipso archiepiscopo benedictionem suscepit, omni abbatie officio, apostolica auctoritate, irrecuperabiliter privavimus. Eidem autem archiepiscopo et tibi diem de proprietate agendi, preterita domini nostri Ihesu Christi resurrectione, prefiximus. Tandem vero tam te quam eodem archiepiscopo nostro conspectui presentatis, cum ipsum archiepiscopum de proprietate acturum expectaremus, questionem de possessione innovavit, asserens te ante iam dicti abbatis benedictionem nullam in eodem monasterio possessionem habuisse et ideo nullam tibi a nobis restitucionem factam esse. Nos itaque, auditis utriusque partis racionibus et testibus et scriptis diligenter inspectis, communi fra-

(1) Vid. supra n. 73.

trum nostrorum * consilio, te ipsius monasterii possessorem f° 111. omnino statuimus et eidem archiepiscopo possessionem repetendi facultatem intercludimus; salvo iure proprietatis, si termino sibi a nobis statuto illud ostendere poterit. Data Sutrii XVII kalendas iunii.

76.

Eugenius monachis sancti Poncii.

Eugenius episcopus servus servorum Dei, dilectis filiis 1146 25 nov. monachis sancti Poncii Niciensis, salutem et apostolicam benedictionem. Universitati vestre notum fieri volumus quod post multas disceptationes inter venerabiles fratres nostros Guillelmum Ebredunensem archiepiscopum et Petrum episcopum vestrum super abbatia sancti Poncii et ex peticione Niciensis ecclesie, tam per Romanorum Pontificum privilegia quam per legitimos testes nobis exhibitos, iusticia cognita, ipsum episcopum successoresque suos ab impeticione eiusdem archiepiscopi et successorum suorum, tam de possessione quam de proprietate eiusdem monasterii omnino absolvimus, eisque super hoc perpetuum silencium imposuimus. Quo circa, per apostolica scripta, universitati vestre mandamus atque precipimus, quatinus eidem fratri nostro Petro, tanquam proprio episcopo vestro de cetero obedienciam ac reverenciam humiliter exhibeatis atque infra diem, quem ipse vobis prefixerit, idoneam et religiosam personam vobis in abbatem regulariter eligatis; alioquin nos ei precepimus ut ipse abbatem vobis secundum Deum provideat et in eodem monasterio substituat. Vobis autem firmiter precipimus ut illi quem ipse vobis abbatem statuerit, absque contradictione obediatis. Data Viterbi VII kalendas decembris.

77.

Eugenius Petro Niciensi episcopo.

1146 25 nov. Eugenius episcopo servus servorum Dei venerabili fratri Petro Nicensi episcopo salutem et apostolicam benedictionem. Que iudicii veritate decisa sunt, litterarum debent memorie commendari, ne pravorum hominum valeant in posterum refragacione turbari. Pro controversia que inter te et venerabilem fratrem nostrum Guillelmum Ebredunensem archiepiscopum super abbacia sancti Poncii diutius agitata est, nostro te conspectui per multos labores sepius presentasti et causa ipsa inter te et ipsum archiepiscopum, per peritos nostre curie advocatos, bis in nostra presencia, tam de possessione quam de proprietate, ventilata est. Testes quoque hinc inde producti sunt et a fratribus nostris diligenter examinati. Unde nos, auditis utriusque partis racionibus et testibus et scriptis attente inspectis, communicato fratrum nostrorum consilio, te ipsius monasterii possessorem omnino constituimus et eidem archiepiscopo possessionem repetendi facultatem

interclusimus. Et quamvis, iuxta testium tuorum assercionem et privilegiorum sedis apostolice tenorem, proprietatem ipsam tibi de iure poscemus adiudicasse, ne tamen eidem archiepiscopo conquerendi occasio in posterum remaneret, tam tibi quam ipsi, preterita omnium sanctorum festivitate, diem prefiximus ut tunc, utraque parte nostro conspectu presentata, si quid archiepiscopus de proprietate haberet, audiremus et quod iusticia dictaret exinde statueremus. Quod si ipse archiepiscopus, neque per se neque per sufficientes responsales interesset, nichilominus diffinitivam super hoc sentenciam proferremus. Statuto vero termino cum testibus tuis presens fuisti. Ipse autem * archiepiscopus nec eodem termino, nec f° 112
viginti diebus et amplius post terminum venit vel misit, nec aliquam excusacionem pretendit. Licet itaque, secundum privilegiorum predecessorum nostrorum tenorem, proprietatem ipsam tibi libere possemus adiudicasse, nos tamen ex habundanti cautela duorum testium iuramenta de quadragenaria possessione inconcussa ex tua parte recepimus et te successoresque tuos ab inpeticione eiusdem archiepiscopi et successorum suorum de proprietate eiusdem monasterii omnino absolvimus, eisque super hoc perpetuum silencium imposuimus. Si quis autem huius nostre sentencie paginam sciens, contra eam temere venire temptaverit, nisi reatum suum congrua satisfactione correxerit, indignacionem omnipotentis Dei et beatorum apostolorum Petri et Pauli incurrat, atque in extremo examine districte ulcioni subiaceat. Data Viterbi VII kalendas decembris.

78.

Benedictus Ebredunensis archiepiscopus monachis sancti Poncii.

1115-1118 Benedictus Dei gratia Hebredunensium archiepiscopus omnibus qui sunt in Cimelensi monasterio sancti Poncii fratribus salutem. Filius et confrater noster Petrus Nicensis ecclesie, divina providente clemencia episcopus, ad nos veniens, questus est de vobis, referens qualiter per contumaciam rebelles et inhobedientes ei esse voluistis et contra canonicam et apostolicam censuram de suo iure episcopali ei respondere noluistis, pretendentes nostram defensionem in monasterio et in ecclesiis vestris. Nos vero iusticiam sectantes et apostolica decreta servare volentes, nullam iniuriam, nullum gravamen ei inferre volumus; sed omnem dignitatem et iusticiam suam plenarie et inviolate irrefragabiliter omni tempore illibatam ei habendam permittimus et permittendo censemus, tam in consecratione abbatis, quam in ordinacione omnium ecclesiasticorum negociorum, iuxta canonicas sanctiones apostolorum, in monasterio vestro et in omnibus ad se pertinentibus ecclesiis vestris. Preterea his nostris litteris, auctoritate Dei et nostra, precipimus vobis ut ei sicut patri et domino ac proprio episcopo in omnibus canonice hobediatis et de omni iure episcopali regulariter respondere non differatis, si de amicitia et collegio nostro gaudere queratis. Alioquin per nos in vobis graviter retorquendum non dubitetis. Ipsum vero utpote filium et confratrem et coepiscopum monemus et monendo rogamus, ut provide et Deo contemplante, curam monasterii gerat et salubriter in his, que Dei sunt, vos moneat et monendo erudiat et erudiendo vos corrigat et corrigendo, si necesse fuerit, acrius constringat, quatinus de pastorali procuracione a domino retribucionem saluberrimam accipiat. Valeant perpetuo qui in dicto nostro paruerint precepto.

79.

In nomine domini. Notum fiat omnibus presentibus at- c. 1152.
que sequentibus quod Iohannes Aicart cum filio suo Garnerio in capitulo coram episcopo Arnaldo et fratribus veniens, terram quam iniuste possidebat iuxta ecclesiam beati Iohannis de Olivo in manu iam dicti episcopi reliquerunt. Rogaverunt autem ut ipsam terram concederet capitulum habere filio suo Raimondo dum viveret; eandem et terram de Eisart de Bellon, sine questione, predicte ecclesie dimiserunt post eius mortem. Ugo Ademar testis. Stephanus testis. Raimundus Ugolenus testis. Magister Durandus testis.

80.

f° 113. c. 1152. * Vilielmus Ebredunensis dictus archiepiscopus (1), sedis apostolice legatus. Dilectissimis in Christo filiis consulibus et toti populo Niciensi a maiore usque ad minorem cum pace salutem. Cum ex officio nobis iniuncto, habeamus instruere populum Dei in partes istas et pro parvitate nostra secundum Deum gubernare, ad erudiendum vos specialiter et Deo spiritaliter filios parturiendum, diligencia maior adhibenda est; filios enim Deo sic parturiemus, si ab infestinacione sancte matris vestre ecclesie non solum revocare, verum etiam sibi, quoniam in multis eam offenditis, vos reconciliare poterimus. Propterea ex parte Dei et nostra supliciter petimus karissimi, ut sicut boni filii matris reconciliatione dignos vox exhibeatis et amore virtutis magis quam formidine gehenne ei serviatis. Et vos creditores quibus ecclesia debet, ex parte Dei et sanctorum patrum institutione commonemus, ut quicquid inter vobis solutum fuerit, in primis totum in sortem computetis. Que cum persoluta fuerit, tum demum sic se habeat erga vos ecclesia de usuris, ut non debeatis inde obiurgari. Alterum enim vestrum prohibitum est usuras accipere ab altero, ne dum a matre spiritali accipiendas esse censendum videa-

(1) Locus vacuus in cod. ad inscribendam rubricam, hic et in chartis inferius editis deesse videtur.

tur. Adhuc, auctoritate domini pape et nostra, prohibemus ut nullus vestrum compellat episcopum vel clericos eius venire in ius per manum consulum vel aliquorum (1) laicorum, quod prohibet fieri sancta ecclesia etiam per manum principum, sed vocentur et ipsi satisfaciant per manus eorum quos gratis elegerint de vobis vel de aliis. Preterea vendiciones honorum ecclesie quos distraxerunt clerici post mortem episcopi predecessoris istius omnino quassamus. Et quia ecclesia non debet esse tributaria, exactiones ab ecclesia vestra modis omnibus fieri prohibemus.

81.

In Dei eterni regis nomine. Ego Raimundus Berengarii Dei dignacione Barchinonensis comes, dux Tortose, marchio Provincie et Aragonum princeps, omnibus scripturam hanc legentibus vel audientibus perpetua pace gaudere. Illum qui mundum salvificat, per quem Reges regnant et Principes iusta decernunt pre oculis habentes, ecclesias sub dicione nostra constitutas debito potestatis a Deo nobis tradite, honorare, defensare et ampliare desideramus semper et ubique. Ea propter presentibus cognitum fiat atque sequentibus, quod Arnaldus Nicensis ecclesie episcopus ad nostram presenciam veniens, ut ecclesiam sibi commissam sub protęctionis nostre

1153 7 apr.

(1) Cod. *aquorum*.

munimine susciperemus et a pravorum hominum inquietudine tueremur, humiliter postulavit. Eius itaque iustis peticionibus impercientes assensum, prefatam ecclesiam cum omnibus ad eam pertinentibus in defensionis nostre tutela, speciali dilectione et patrocinio recipimus; statuentes ut canonica beate Marie et canonici ibi regulariter viventes et domus que dicitur Episcopalis libere et absque ulla perturbacione de cetero in Dei servicio permaneant, nullis in antea cuiuslibet potestatis vel consulatus gravaminibus inquitari posse vel oprimi. Tibi vero Arnalde Nicensis episcope tuisque successoribus canonice in Nicensi ecclesia substituendis, clericorum tuorum omnium iusticias absque refragacione nostri vel successorum nostrorum comitum, sive etiam consulatus, ex integro conservamus. Hominum insuper ecclesie domos inha-
f° 114. bitancium * vel terras incolentium, placita sive querelas, laicalis quelibet persona discutere vel terminare nequaquam presumere audeat mandando precipimus. Preterea si que in futurum questiones de rebus vel possessionibus ecclesiasticis inter ecclesiam tibi commissam et ipsius civitatis consules aut cives emerserint, in tue cognicionis vel successorum tuorum sive comprovincialium episcoporum vel etiam duorum vel trium de ipsa civitate prudencium virorum arbitrio ventilari et terminari iubemus. Absurdum est enim et omni equitati contrarium esse cognoscimus, ut episcopus vel clerus sibi commissus, pro disceptandis ecclesie sue negociis, per consulatum districtus, ad curiam consolatus pertrahatur invitus. Ampliori denique religionis et honestatis tue gratia incitati,

donum quod potestates Nicie [1], ecclesie tibi commisse concessisse noscuntur, ut videlicet cuique civium licencia pateat de rebus suis et possessionibus, quamlibet absque impedimento partem offerre, confirmando laudamus. Interea adicientes si quas in futurum prephata civitas, pro hospicio comitis vel cuiuslibet alterius imminentis necessitatis, collectas publicas fecerit vel expensas, Nicensem ecclesiam, te quoque et successores tuos ab huiusmodi indebitis exacionibus immunes et liberos, perpetua scripture huius atestacione, prohibendo volumus atque sancimus [2]. Facta carta huius concessionis et laudacionis anno ab incarnato Salvatore M. C. L. III, mense aprilis, feria IIII, luna X; presentis subscriptis personis, Petro Antipolitano episcopo, Rostagno de Tarascone, Arnaldo de Lercio, Petro de Cabannis iudice domini comitis, Raimundo Laugerio, Bertrando de Iloncia, Iohanne presbitero, Nicensibus clericis et multis aliis clericis et laicis.

S. † Raimundi Comes.

82.

Clementissimus omnipotens Deus pater, cum iaceret mundus involutus cenulentis erroribus sub morti imperium, habuit cum sua pietate consilium ut totum redimeret mundum, de- 1073 21 apr.

(1) Cfr. n. 48, in quo huius doni privilegium extat.
(2) Cod. *aque sanctimus.*

scendens de celis, missus ab arche patris introivitque in uterum virginis, homo pro nobis factus similis, ut qui eramus sub peccati iugo detenti, per adobcionis gratiam faceret filios Dei. Hoc idem ipse benignus Deus clementer nostrorum reatus delere cupiens, humiliter inter homines conversatus, archana divini verbis sue misericorditer nobis propalans qualiter unusquisque homo ad paradisi gaudia, unde merito ceciderat, reverteretur. Medicamentum nobis salutis obponens antidotum reconciliationis nostre, ore benignissimo suo, patefaciens dixit: penitenciam agite et adpropinquabit regnum celorum. Et
f° 115. propheta ipse clamans dixit: * date elemosinam, dicit dominus et ecce omnia munda sunt vobis. Et ut plenius instrueremur adhuc divina scriptura corroborat dicens: quia sicut aqua extinguit ignem, ita elemosina extinguit peccatum. Igitur in Dei nomine et salvatoris nostri Ihesu Christi, ego vero Petrus Vasensis episcopus, scilicet filius Raimbaldi, dono atque transfundo omnipotenti Deo et eius genitrici perpetue virginis Marie de mea hereditate, que mihi obvenit vel obvenire debet, castrum unum quod nominant Drapo. cum omnibus ad se pertinentibus, hoc est in comitatu Nicensi, scilicet in campis, vineis, ortis, pascuis, silvis, gariciis, montibus, collis, pratis, molendinis, aquis, aquarumque discursibus, valles, omnino dono que ibidem possideo : videlicet pro remedio anime mee et genitori meo seu genitrici mee et parentum meorum, ut dominus Ihesus Christus dimittat nobis delicta nostra. Tali vero tenore ut episcopus scilicet Raimundus, qui ibi nunc famulatur ad presens et successores sui, habeant et

possideant in secula seculorum. Inde accepi munus capas duas obtimas et virgam obtimam episcopalem. Sane si quis ego aut ullus ex heredibus meis vel ulla apposita persona qui hanc donationem inrumpere aut inquietare voluerit nihil valeat vindicare, sed ira Dei omnipotentis maneat super eum et sit maledictus atque excomunicatus ex actoritate Dei patris et filii et spiritus sancti et ad corpore et sanguine nostri redemptoris sit separatus et ad consortio sancte religionis christiane disrumpimus et a liminibus sancte Dei ecclesie sequestramus. Cum Iuda vero proditore partem in infernum habeant et cum Bezebub principe demoniorum in claustris inferni retrudantur. Omnes qui illi aut illis consilium dederint vel adiutorium prebuerint, ab odierna die et deinceps maledicti et excommunicati permaneant. Ego igitur Petrus, gratia Dei Vasensis episcopus, dono atque concedo sicut omnia supra scriptum est ad beatam Dei genitricem Mariam, cuius ecclesia fundata est in urbe Nicensi et ad prefatum episcopum et omnibus eius successoribus liberam habeant potestatem tenendi, possidendi omnique tempore sine ulla inquietudine et perturbatione a me facta vel heredibus meis. Et ita manu mea firmo atque corroboro et ad salutem anime mee supra sanctum altare manu mea impono, in presentia fratrum meorum et canonicis eiusdem ecclesie, corum hec nominas: Willelmus, Tetbaldus, Saramandus, Iohannes, Allio et alii plures. Facta carta ista donationis XI kalendas maias, anno millesimo LXX. III ab incarnacione domini nostri Ihesu Christi, regnatis in secula seculorum. Amen.

Signum Leodegarius frater firmavit. Signum Rostagnus frater firmavit. Signum Bertrannus frater firmavit. Bertrannus firmavit. Francus firmavit. Ugo de Cadarossa firmavit. Bertrannus firmavit. Amicus firmavit. Fredulus firmavit. Isoardus frater firmavit. Aldebertus firmavit. Rodulfus firmavit. Pontius ecclesie Vasensis canonicus et docuit et firmavit.

Tali vero condicione ut nec iste presul Raimundus, nec successores sui, alienare, nec vendere, nec in vadimonium nichil possint facere, nisi in servitio Dei, matreque Marie, Nicensis sedis, atque omnium sanctorum.

83.

c. 1074. Aus tu Raimun Nicensis episcope, ego Fredulus et ego Rodulfus et ego Aldebertus et ego Isnardus et ego Isoardus, filii Ermengarda, et ego Umbertus filius Bertranda: en nun ti descebrai de tua vita neque de tuis membris, que ad corpus tuum iuncta sunt, ni non ti descebrai del castel de Drap del bastiment que faits i es, ni in antea factus hic erit per nomen de castello. Ego Fredulus et ego Rodulfus et ego Aldebertus et ego Isnardus et ego Isoardus, filii Ermengarda et ego Umbertus filius Bertranda, ni homo ni femina per meum consilium ni per meum consentimentum a ti Raimun episcopo, neque ipsos episcopos qui episcopi seran de Niza. Et si homo erat o femina qui a ti Raimum lotola o ad aquels episcopis, qui episcopi seran de Niza, eu ab aquel, ni ab aquela, ni ab aquels, ni ab aquelas finem non aurai ni plag, que finem valeat, si per lo castel a recobrar non o avia ela un lo recobreria in ipsa convenentia vos en estaria. Et per quantas vices tu Raimum lo mi queras o men summunras per nomen de sacramento, per ti o per tuo misso o per tuos missos, ti illi episcopi qui venturi sunt post te de Niza, ego Fredulus et ego Rodulfus et ego Aldebertus et ego Isnardus et ego Isoardus et ego Umbertus, ego vos rendrai si eu'l aio infra octo dies, homo o femina, per me sine lucro et sine disceptione et sine inganno, et aixio tenrai et o atendrai, salvam fidelitatem sancte Marie Nicensis ecclesie.

84.

Aus tu Isnart episcopus Nicee. Ego Rolandus, Petrus Nevolon, ego Petrus Fredo, ego Guillelmus Aldebertus, ego Nevolon, ego Feraldus, ego Ioceranuus, ego Iosceranuus Isnardus, ego Autrannus, eu nun ti decebra de sua vita neque de tuis membris, que ad corpus tuum iuncta sunt, non ti tolra ne ten tolra IIII partes de castro Drapi del bastiment que faits i es ni adenant factus erit per nomen castri, ne homo ni femina per meum consilium ne per meum consentiment a ti Isnart neque aliis episcopis, qui episcopi erunt Nicee. Et si homo erat o femina qui a ti Isnardus lo tolria c. 1108.

aut aliis episcopis successoribus tuis, eu ab aquel, aut ab aquella, ne ab aquels, ne ab aquellas finem et societatem non aurai, si per lo castel a recobra non o avia ela un lo recobraria in ipsa convinentia vos en esteria. Et per quantas vices tu Isnardus episcope lo mi queras o men sumunras per nomen sacramenti, per ti o per to mes o per tuos missos aut ipsi episcopi, qui post te venturi sunt de Nicea, lo to
f° 116. rendra sine enganno *, ensi con en este breve est scriptum ad este rederevez o tenra et o atendra sine inganno, si Deus me adiuvet et iste sanctus.

85.

c. 1115. Aus tu Petrus evesque de Niza. Ego Iauzerannus, ego Petrus Fredo, ego Bovets, ego Bertrans, eu non te decebrai de tua vita neque de tuis membris, que ad tuum corpus iuncta sunt, non ti tolrai, ne ten tolrai IIII parz del castel de Drap del bastiment que faz i es, ni adenant faz i er per num de castel, ni homo ni femina per meum consilium nec per meum consentiment a ti Petrus ni als altres vesques qui evesques erunt Nicee. Et si homo ni femina qui a ti Petrus la torria aut aliis episcopis successoribus tuis, eu ab aquel, aut ab aquella, ni ab aquelz, ni ab aquellas finem et societatem non auria, si per lo castel a recobra non o avia ella un lo recobraria in ipsa conveniencia vos ne staria. Et per quantas vices tu Petrus episcope lo mi querrias o men summunrias per nomen de sagrament, per ti o per tun message aut per tuos missos, aut ipsi episcopi, qui post te venturi sunt de Nicea, lo ti rendrai sine enganno. Et sicut in isto breve est scriptum, ita tenebo et observabo sine fraude et malo ingenio, si Deus me adiuvet et iste sanctus.

86.

Omnibus hominibus presentibus atque futuris notum fieri volumus, quod dominus Arnaldus Nicensium episcopus atque Nicienses canonici, pro controversia quam habebant ad invicem de bonis canonicorum dividendis a bonis episcopalibus et e converso, religione sacramenti se astringendo in manibus nostris satisdederunt, videlicet Raimundi Venciensis episcopi atque Raimundi Antipolitani episcopi et Bertrandi [1] sancti Poncii abbatis et magistri Durandi; ita scilicet ut nostro proprio arbitrio, cum consilio et auctoritate domini Guillelmi Ebredunensis archiepiscopi sedis apostolice legati, predicte controversie debitum finem imponeremus. Quod ita factum est, ut cum dominus nos et ipsos vocasset, Ebredunun perreximus; ibique mandato ipsius, auditis utriusque partis allegationibus, consilio et auctoritate eius et consilio Guillelmi prepositi et canonicorum Ebredunensium, in domo eius propria, talem finem imposuimus. Mandavimus enim ut episcopus 1159.

(1) Iofr. Nic. Civ. p. 174 et 217 habet mendose *Benedictus*.

donaret, laudaret et confirmaret omnes cartas seu donationes quas dominus Isnardus et dominus Petrus predecessores sui canonice contulerant et quod ipse altera vice in monasterio sancti Pontii, mandato nostro, eis dederat. Et ut multiplicitatem verborum evitemus, singula denotamus. In primis, ecclesia beate Marie cum omnibus ecclesiis eiusdem civitatis et omnem decimam Niciensis territorii, excepta quarta parte panis et vini et quarta parte mortalagii, quas quartas partes episcopo attribuimus. Oblationes quoque omnes Niciensium ecclesiarum, excepta tercia parte auri et argenti et omnibus candelis que in una missa offeruntur in die Natalis Domini, Pasche et Pentecostes. Omnes primicias et omnes pannos et lectos, sive redditus, sive receptus mortuorum et ipse dedit canonicis et nos adiudicavimus. Omnes amministrationes sive ballias, con-
f° 118. silio episcopi disponendas, * similiter adiudicavimus canonicis et hospitale cum honore suo et palmarium, excepta illa parte inferius et superius, quam ibi edificavit episcopus, prout columpne consistunt, ab angulo sue domus usque ad angulum parietis, quam episcopo attribuimus; et omnem honorem Niciensis civitatis vel territorii ad ecclesiam pertinentem, preter domum episcopalem, cum curia et II episcopales condaminas, vineam, hortum atque pratum, canonicis adiudicavimus. Insuper ecclesiam sancti Torpetis [1] cum honore suo et ecclesiam sancti Martini et ecclesiam sancte Margarite cum honore suo, ecclesiam sancti Stephani de Olivo cum honore suo, ecclesiam

(1) Cfr. Cart. Lerini, p. 338.

de Olivo cum territoriis suis, ecclesiam sancte Marie de Monacho cum honore suo, ecclesiam Ville veteris cum honore suo, ecclesiam Castrinovi cum redditibus suis, quam ipse dedit eis; medietatem vero synodalium nummorum; preterea ecclesias subscriptorum castellorum, et mortalagium et receptus et decimas et que in futuro tempore adquiri poterunt. Castellorum nomina sunt hec: Levens, Caudarasa, La Roca, Tohet, Comptes et Comptes, Berra, Lucera, Ungran superior, Torbia, Esa. Imposiciones etiam sacerdotum in predictis castris eis episcopus concessit. Preterea adiudicavimus episcopo ut cum presens in civitate fuerit, ipse solus in refectorio honorifice recipiatur et comedat; si autem cum eis comedere noluerit, libra ei et iusticia cum pulmentis, quibus clerici vescentur, de foris mittantur. Si vero episcopus a summo pontifice vel eius legato ad concilium vocatus fuerit, ei canonici unum de concanonicis socium et servientem, propriis expensis, parabunt. Si autem dominus Papa vel eius nuncius vel dominus Ebredunensis supervenerit, dimidium impensarum canonici faciant. Hac decisionem confirmavit dominus Guillelmus Ebredunensis archiepiscopus et Guillelmus prepositus, Raimundus Antipolitanus, Raimundus Venciensis episcopi, B[ertrandus] sancti Poncii abbas, magister Durandus, quibus hec causa commissa erat. Testes sunt I[snardus] Glandetensis episcopus et eius canonici Amedeus, Petrus Autrici, Guillelmus Saramanni, Ugo Ademarii, Guillelmus Rollandi, Guillelmus Muretus, Laugerius Sancti Stephani. Anno ab incarnatione domini M. C. L. VIIII.

f° 119. **87.** *

1157 13 aug. Divini et humani iuris erudimur institucionibus ut donationes, permutationes et universaliter omnes transactiones posteris scripturarum auctoritate notificentur, ut perpetuam firmitatem obtineant et nulla temporum volubilitate deficiant. Ea propter nos consules Nicie civitatis, ego scilicet Fulco Badati, Petrus Ricardi, Petrus Aldebranni, Willelmus Rufi, pro multis et magnis contumeliis et iniuriis, quas contra Deum et iusticiam eius in matrem nostram Niciensem ecclesiam et Arnaldum episcopum et clericos eius, processores nostri consules, Raimbaldus videlicet iudex, Petrus Raimbaldi, Franco Raimbaldi, Poncius Gisberni, spreto Dei timore et amore, commiserunt, communi consilio et voluntate prudentium virorum civitatis nostre, Deo et prefate ecclesie et episcopo et clericis talem satisfactionem et talem emendacionem facimus. Primum iam dictam ecclesiam et omnes alias pertinentes ad ipsam liberas et quietas ab omnibus publicis et temerariis vexationibus reddimus et omnes pravas consuetudines et violentas exactiones, quas olim antecessores nostri, tam in domibus episcopi quam in canonica faciebant, omnino relinquimus et perpetuo refutamus, et sive pro hospicio comitis (1) sive pro clausura civitatis sive pro alio alico supervenienti

(1) Cod. litterae *m* adiecta compendii nota.

negotio, ne aliqua amodo fiat eis in eternum, a nobis vel successoribus nostris consulibus, violentia, in verbo fidei et veritatis promittimus. Pro hac itaque libertate et conventione remisit nobis et omnibus antecessoribus nostris, tam vivis quam et defunctis, episcopus, omnes offensas, quas illi et ecclesie, sive de confractione portarum et orreorum, sive de direptione bonorum suorum et violatione ecclesiarum et domorum, intuleramus. Preterea, ut Dei et ipsius gratiam habundantius mereamur, criptam illam quam super viam publicam diu edificare intenderat nec poterat, nunc libere et absque omnium hominum impedimento quandocumque ei placuerit faciat, volumus et consentiendo laudamus. Si autem, quod non speramus, aliquis de civibus nostris presumeret, nos ut in pace fieret et quiete, profecto efficeremus. Pro hac auem constructione cripte et liberatione ecclesie, dedit communi civitatis episcopus septingentos solidos nostre probate ianuensis monete. De omnibus vero illis querelis vel clamoribus, sive de honoribus et possessionibus, sive etiam pecuniariis actionibus, quas ecclesia adversus cives, sive cives adversus ecclesiam movere de cetero voluerint, sic voluntate episcopi et clericorum constitutum est, ut, presidente episcopo cum consulibus et quasi iudicis locum tenente, causa hinc inde ventiletur et iudiciario ordine vel amicali compositione terminetur et premium iudicis, pro modo et estimatione negotii, ab utraque parte a consulibus assumatur. Facta pace et concordia ista ydus augusti, feria III, luna VIII; mediantibus Raimundo Venciensi episcopo et magistro Duranto, in ecclesia sancte Reparate virginis, in presentia episcoporum Arnaldi Nicensis episcopi, per osculum fidei, veritatis et pacis, quod sibi dederunt consules prenominati; Raimundi Antipolitani episcopi et abbatum Bertrandi sancti Pontii et Pontii abbatis

f° 120. Toronneti, Bertrandi monachi sotii sui et Raimundi prioris * sancti Pontii et Raimundi Laugerii canonici presbiteri et sacriste ecclesie Niciensis et Bertrandi de Ilontia canonici Nicensis et diaconi et Stephani canonici presbiteri, Auberti monachi prioris de sancta Reparata, Petri de Lantuscia monachi presbiteri sancti Pontii, Willelmi de Andaon canonici presbiteri ecclesie Venciensis, Willelmi presbiteri de Canea et consulum civitatis Fulconis Badati, Petri Ricardi, Petri Aldebrandi, Guillelmi Rufi et consulum de Grassa, qui ibi erant cum episcopo suo, Malivicini et Raimundi Riperti, Raimbaldi iudicis de Nicia, Guillelmi Ricardi, Fulconis Ugoleni, Guillelmi de Hesa, Bertrandi Iatbaldi, Guigonis Mainerii, Rostagni Badati, Petri Lamberti, Guillelmi Martini, Petri Cais, *Bertrandi Avundi*, *Trencherii Amalvine*, *Poncii* subdiaconi, qui fuit filius Milonis de Porta et aliorum multorum, quorum hic non est numerus vel memoria.

88.

c. 1166. Iste sunt res quas Raimundus Laugerius sacrista Niciensis, tunc electus in episcopum reddidit et consignavit ecclesie. Cruces II argentee; due alie minores, in quibus est lignum domini; duo testa argentea; v calices argentei; candelabra IIII de argento; unum thuribulum argenteum; duo offertoria de argento; pastorales III de ebore; septem pectines de ebore; pallia XVIIII; cappe XVIII; casule V de pallio; VI dalmatice; tunice V; vestimenta XII; una capsa de ebore; VIIII toalie; collaria de amictu IIII; due mitre; IIII cyrothece; VIII tapeta.

Missales VIII; duo libri, in quibus sunt evangelia et epistole similiter et liber evangeliorum, que leguntur per annum; epistolaria II; liber IIII evangeliorum; Eptateucum I; Genesis, liber Regum, Machabeorum, epistole Pauli, Canonice, actus apostolorum, Apocalipsis, in uno volumine; alius liber Regum et Paralypomenon; liber XVI prophetarum; duo homeliaria; estivum et hyemale breviarium; Moralia super Iezechihel, super Iohannem; psalteria II; responsaria VI; officiaria IIII; prosaria IIII; capitularium et succontra respondendum (1) insimul; epistole due sancti Pauli; duo libri decretorum Gratiani; canones, liber pastoralis et ordo canonicorum insimul; martyrologium; duo ordinarii pontificales; consuetudines; passionarium et liber Guilielmus; actus Apostolorum et Apocalipsis insimul; super Iohannem Farnerius; duo ymnaria; expositio regule et cartularium insimul.

(1) Hic in cod. extat vox, com tribus compendiis notis, quae fors. ut coniicimus interpretari potest.

89.

saec. XII. Hec sunt res quas habemus pro Bono pari et suo filio Guillelmo: IIII domus; duo horrea; VII vascels et unum torcular; in plano V vineas; Bernardus de Monasterio IIII sexteradas; Amei Plant V ortos, duos casales, in Arbella XX sexteradas de terra; in Plastra XVI sesteradas; in la costa de Ranulfo XX sesteradas; in Monte aureo VI sesteradas; in Lablé XX sesteradas; ad Ulmum XII sesteradas; in Roscillione VIII sesteradas; ad collem vallonis XII sesteradas; in la villa Talla in tribus locis VIIII sesteradas; al Mortizonem VIIII sesteradas; al Rabér in duobus locis XIII
f° 121. sesteradas; in la pineda in duobus locis XIIII; * in Plastra in alio loco III eminadas; in Villario VII sesteradas de terra et VII de prato; al Claponem XVIII sesteradas; in Aureras V sesteradas; al pas de la morba I sesterada; a la Vouta I sesterada; al Ras lo serre IIII sesteradas; ad collem Ugonis XXX sesteradas et I pratum et I granega; in campo Bressonis XII sesteradas; ad collettam de Aucello X sesteradas; la masura de Petro Engeuda, de petra cerea X sesteradas; in alio loco in Aureras XII sesteradas; in Malo corde IIII sesteradas; in decimis communalibus, in pane et vino et carne, in ortolagiis et in furno, sextam partem; in sex homines de Rembaudo Alamanno VI partem de decimis de pane, vino et carne; medietatem de emptione molendini

de Petro Trenca et suo fratre et molre de illo et de duobus aliis ad prebendam; octavam partem de toto Bravo, Gaufredus de Luceram pro pignore habet pro xxv solidos ianuensium.

90.

Tam presentibus quam futuris notum fiat hominibus quod c. 1160.
de contraversia, quam Niciensis ecclesia cum Raimundo Serena habebat super hoc quod in Campo Marcio contra iusticiam possidebat, tali pacto talique tenore terminata fuit. Tenebat enim iam dictus Raimundus tres domos que concluduntur inter viam rectam que ducit ad ecclesiam sancti Michaelis et domum Poncii Gisberni et domum Petri Martini et unum casalem se habere dicebat iuxta domum Poncii Garnerii; preterea quia sepe et sepe episcopus et canonici me super hoc convenerunt et nomine ciminterii totum Campum Marcii, sicuti antiquitus dicebatur ecclesia possidisse, requirebant: quicquid ibi possidebam amore Dei in manu A[rnaldi] Niciensis episcopi et canonicorum suorum dimisi et redidi. Episcopus autem et eius canonici, habito consilio, predictas domos III mihi dum vixero concedunt et casalem sibi retinuerunt; post mortem autem meam duas domos sine questione recuperabunt et terciam que vicinior est domui Poncii Gisberni cuicumque dedero, nisi per gratiam eis re-

didero, in perpetuum habere concedunt; illa autem domus quam sibi retinet usque angulum domus Petri Martini et recta linea usque ad viam publicam, in qua exire debet, determinatur. Hoc autem donum factum est . . . (1)

f° 122. **91.** *

1184 19 jan. Lucius (2) episcopus, servus servorum Dei, venerabili fratri Petro (3) Niciensi episcopo salutem et apostolicam benedictionem. Ad nostram noveris audientiam pervenisse quod monasterium sancti Pontii, diocesana tibi lege subiectum, tantum in religione defectum et in substantia iacturam incurrit, quod modica ibi vestigia monastice professionis apparent et paucissimi monachi vix utcumque possunt de illius redditibus sustentari. Quia igitur ad hoc es ad pontificalem sollicitudinem, Domino disponente, vocatus, ut evelles et destruas que videris destruenda, edifices et plantes que plantanda cognoveris, fraternitati tue auctoritate apostolica indulgemus, ut a scitis religiosis et prudentibus viris monasterium ipsum, secundum Deum et rationabiles institutiones, valeas, contradictione et appellatione postposita, in melius ordinare. Datum Velletri XIIII kalendas februarii.

---

(1) Hic tres lineae cod. abrasae fuerunt.
(2) Hic vox *tertius* inter lineas adiecta.
(3) Hic similiter vox *secundo* adiecta.

92.

Lucius etc. (1) priori de Gordolo et sancte Reparate et aliis monachis sancti Poncii. Quod vobis salutationis alloquium nos impendimus, non ex nostra duritia, sed ex vestra iniquitate processit. Cum enim venerabilis frater noster Petrus Niciensis episcopus vos sepe monuerit ut non attemptaretis eius iura parochialia usurpare, et quia monitis eius, tam in his quam in aliis, contumaciter resististis, excomunicationis in vos sententiam promulgavit, vos nec emendare quod nequiter egeratis, nec sententiam ipsam, quod grave gerimus et indignum, voluistis aliquatenus observare. Nolentes igitur dimitti vestram contumatiam incorrectam, per apostolica vobis scripta mandamus et districte precipimus, quatinus reddeuntes ad cor eandem sententiam inviolabiliter observetis et de tanto excessu satisfactionem congruam exhibentes, prefato episcopo, tanquam vestro spirituali patri, debitam exhibeatis reverentiam et honorem. De questionibus etiam, quas habetis ad invicem, in presentia venerabilis fratris nostri Ventiensis episcopi, iusticie illi curetis plenitudinem exhibere. Alioquin noveritis nos eidem episcopo litteris mandavisse ut sententiam, quam prescriptus Niciensis tulit vel tulerit in vos, auc- c. 1185.

(1) Sic in cod. adiecta compendii nota.

toritate nostra sussultus, sine appellationis obstaculo usque ad satisfactionem, publice nuntiet observandam. Datum Verone, II kalendas aprilis, hoc totum factum est.

93.

1184 sept. Notum sit tam presentibus quam futuris quod monachi sancti Pontii post multas contentiones quas cum domino Petro episcopo habuerunt, tandem redeuntes ad cor cognoverunt in capitulo sancti Pontii coram consulibus Petro Ricardi, Guidonis Ricardi, et Fulconis Bernardi, multis aliis ibidem assistentibus, ipsum esse dominum et episcopum monasterii et quod ad eum specialiter ius et proprietas pertineret, confirmationem abbatis et benedictionem, correctionem tam in capita quam in membris. Quod etiam in monasterio et in ecclesiis ipsius possit ecclesiasticam ponere sententiam, sed huius capituli recognitio abbatis iusticiam impedire non debet. Cognoverunt quoque quod in parrochialibus ecclesiis presbiteros absque assensu episcopi habere non debent: quod abbatem possit episcopus interdicere et excommunicare monachos, etiam si eos abbas corrigere nollet vel non posset. Omnia preterea iura quecumque predecessores prenominati episcopi in capite et in membris habuerunt vel possent ostendi, ipsum de iure habere debere, vel quod aliquis episcopus habet in aliquo monasterio Provintie, ad ipsum de iure spectanti. In recognitione dominii reddiderunt episcopo claves in capitulo et fuerunt in potestate eius, pro illatis iniuriis, prestito iuramento. Testes sunt Fulcosius, Bonifatius, Rostagnus. Willelmus Raibaudi, Bertrandus de Conca, Willelmus Bonuspar, Bertrandus Badats, Milo et Fulco fratres, Raimundus prepositus Massiliensis et multi alii. Facta sunt ista in capitulo sancti Pontii et ibidem electio coram Episcopo celebrata et postmodum in Niciensi ecclesia confirmata. Anno M. C. LXXXIII, mense septembris.

L etiam solidos michi persolverunt monachi in recognitione expensarum quas feci in itinere Romano (1).

94.

Poncius Aldigerius. Lanbertus Durandus. Guillelmus Cabaza. Allo de Medezo. Astengo. Andreas Nazera. Adam Todolaius. Allo Aimo. Bernardus Raimum. Bonofilio Farfaillola. Lautaudus de la Porta. Raimbaldus. . . . Gatamusa. Gauterius. [Andreas] Grammaticus. Iohannes Barcella. [Iohannes] Murator. Nadal Pulsafangus. Rotbaldus Labra. D[ominicus] Mellari[nus]. Ebrardus (2). Iohannes Blanco presbiter . . . . c. 1152.

(1) Hac notula, manu P. episcopi ut videtur scripta, cartularium eccl. cath. Nic. terminatur; quae sequuntur autographa membrana, in Capit. Nic. tabulario invenimus.

(2) Hoc nomen inter lineas adiectum est.

Maurelli. Petrus Maior. Lanterius. Maurengus Zaufardus. Berta Faisellara. Iohannes Friconis, Rainerius de la Porta. Petrus Gombrannus. Bermundus Dominicus presbiter. Engillerius Flavius. Ungula Vedozsa. Desiderius. Iohannes Caligerius. Rollandus Capus pro uno. Iohannes Adalguda. Adalsenda monaca. Mansionem ubi stat Bona de Arbaudo. Medietatem de pascherio et de porto et de ribagio et de letdas (1), et decimas de piscibus, et de lesda de civitate, de porcione Laugerii Rostagni de Niza. Medietatem de orto. Medietatem de condamina de la Bufa et de la condamina de Olivo. Mansionem de Gundrada, et duobus menses Octuber et November (2) dedit Laugerius Rostagni ad Conradus comes cum filia sua in castellania de Niza, per partem et per hereditatem.

Manso de Cabaza dat IIII sextarios de garbage et duas espallas, I sextarium de civàda et duos panes. Allo I eminam de garbage. Andreas Nazera II sextarios de garbage, I emina de civada, I espalla, I de[narium] Iohannes Todolaigus II sextarios de garbage, I espalla, I emina de [civada] et I panem. Bernart Raimon II sextarios de garbage et I emina [de] civada, I espalla et I panem. Bonosfilius Farfallola II sextarios de garbage, I emina de civada, I espalla et I pa[nem]. Vatamusa IIII sextarios de garbage, I sextarium ordei, II espallas, II panes. Andreas Grammaticus II sextarios de garbage. Iohannes Barcella II sextarios de garbage, et I emina ordei, I espalla

(1) Voces *et de letdas* inter lineas adiectae.
(2) Suppl. fort. *quos*.

et I panem. Iohannes Murator II sextarios de garbage, I espalla, I emina ordei, I panem. Nadal Pulsafangum I sextarium de garbage, II denarios de ublias. Rotbaldus Labra II sextarios de garbage, I sextarium de ordei, I espalla et I pa[nem]. Durandus Faber II sextarios de garbage, I sextarium de ordei, I espalla et I pa[nem]. Dominicus Mellarinus I sextarium de garbage, I emina de ordei, I espalla et I panem. Ebrart II sextarios de garbage, I emina ordei, I espalla et I panem. Iohannes Blancus I denarium. Petrus Maior I sextarium de garbage, I denarium de ublia. Lanterius II sextarios de garbage, I emina ordei, I espalla et I panem. Maurenc I sextarium de garbage, I emina ordei, I denarium de ublia et I panem. Berta Faxillera I denarium, die omni sabbati faxum de iunco. Iohannes Frico I sextarium de garbage, I emina ordei, I denarium et I panem. Petrus Gonbran II sextarios de garbage, I emina ordei et I espalla et I panem. Flavius II sextarios de garbage, I emina de civada, I espalla et I panem. Ungula Vedosa IIII sextarios de garbage, I sextarium ordei, II espallas et II panes. Iohannes Galier I sextarium de garbage, I emina ordei, I espalla et I pa[nem]. Iohannes Adalgus I sextarium de garbage, I emina ordei, I espalla et I pa[nem]. Bermundus Malum nomen I sextarium de garbage, I eminam ordei, I espalla et I panem. Gauterius IIII sextarios de garbage, I sextarium ordei, II espallas et II panes.

Laugerius de Graoleriis habet in Nicia hec supradicta omnia pro ecclesia et episcopo, habet etiam et hec subsequentia. Petrus Bruni dat pro servitio XII denarios et III sextarios de ficiis et cartonem de Billeira. Raimbaldus Caliger VI denarios et medietatem cartonis de vinea crosi. Lambertus Francigena [(1)] denarios. Aubertus Ricaus [(2)] denarios. Poncius Pastel unum denarium et medietatem cartoni de vinea de Caldairolas. Petrus Tudulaic XI denarios et duos sextarios annone et duas saumadas de vino, de annona, atque duas partes tercii et II partes unius sextarii ordei et II partes duorum panum. Willelmus Pellizana I sextarium de annona. Willelmus Aimi VIIII denarios et I sextarium de annona et unam eminam ordei et unum panem. Raimundus Barcella I eminam de annona. Petrus Maiembertus I eminam de annona. Raiembaldus Ermentrus II sextarios de annona. Rostagnus Pelatus cartonem de Rocabillera et III nummos. Isnardus Feltrers cartonem de Rocabillera et III denarios. Bonus Iohannes cartonem de Rocabillera et V denarios. Willelmus Gallina cartonem de Rocabillera et III medallas. Ermengaus cartonem et III medallas. Willelmus Raembaldus cartonem de Rocabellera et III denarios. Poncius Esparro cartonem vinee de Pallo de Cabaza et II denarios. Iohanna Amalvina II denarios. Stephanus Pastel medietatem cartonis de Calvairolas. Durandus Pastel medietatem cartonis. Petrus Bambardus medietatem cartonis vinee de la Colla et I denarium. Guntardus Rex cartonem et I medallam. Paulus Raembaldus cartonem vinee de Caldairolas et VI denarios. Poncius Bernardus cartonem vinee de la Colla et IIII denarios.

(1) Locus vacuus.
(2) Id.

In nomine Domini ego Gaucerandus Laugerii dono Domino Deo et ecclesie beate Marie de Nicia et Petro episcopo et omnibus successoribus suis quicquid in civitate Nicie et in apendiciis suis ex hereditate patris mei mihi pertinet et sub pignore pono quingentorum quinquaginta solidorum, tali tenore ut nec ego ipse nec aliquis per me de aliquo se intromittat nisi primitus supra dicti numi redditi fuerint. Si ante redemptionem huius pignoris mortuus fuero in perpetuum ecclesia Nicensis pro anima mea habeat. Actum est hoc in presentia Raimundi Berengarii comitis Barchinonensis et in presentia Antipolitani episcopi Matfredi et Fulconis de Grassa et Guillelmi de Mosterio et Raimundi de sancto Paulo et Raimbaldi de Andaone et Guillelmi Bertrandi et Guillelmi Ermenaldi et isti omnes sunt testes. Et ipse Gaucerandus iuravit in manu Nicensis episcopi quod sicut scriptum est, ipsa ita teneret. Huius rei est fideiussor Fulco de Grassa pro trecentis solidis et Raimbaldus de Andao per (1) c. L.

Signum † Raimundi comes (2).

95.

In nomine domini nostri Ihesu Christi. Notum sit omnibus hominibus tam presentibus quam sequentibus, quod ego 1164

(1) Rectius *pro*.
(2) Cfr. cum n. 29 praesens charta in veteri repertorio cath. Nic. num. 74 habuisse videtur.

Arnaldus Nicensis dictus episcopus et canonici nostri et consules civitatis Petrus Ricardi, Guigo Ricardi, Bertrandus Iethbaldi, Fulco Astenni et alii probi homines de civitate, de longa controversia de Campo Marcio, que fuerat inter ecclesiam et comune civitatis propter cimiterium, quod ecclesia requirebat et consulatus reclamabat, talem pacem et talem concordiam fecimus. Primum sic ordinavimus, ut ad operam ecclesie totum et ex integro, bona voluntate et sine omni retinimento, donamus sicut terminatum est et concedimus, scilicet ut totum vendatur et in opere ecclesie totum convertatur. Huius laudationis et donationis testes sunt qui viderunt et audierunt et presentes fuerunt Raimundus Secrista et frater Stefanus, Petrus Isnardi, Guillelmus de Brelio, canonici presbiteri. Guillelmus de Hospitali et Pontius capellanus episcopi, Raimundus Serene, Fulco Badati, Guillelmus Badati, Guillelmus Ricardi, Raimundus Raenbaldi, Fulco Ugoleni, Rostagnus Badati, Milo Gorga, Pontius Girberti, Sicardus, Guillelmus Martini, Raimundus Audebranni. Factum est hoc anno M. C. LX. IIII (1).

96.

1154 30 iul. In nomine domini nostri Ihesu Christi. Ego Mateldis omnibus hominibus volo notificari quod pro salute anime mee

(1) Membrana partita. Eius num. in veter. repert. 92.

et peccatorum meorum remissione, trado et offero ad serviendum Deo et beate virginis Marie, corpus et animam meam in manu Arnaldi Nicensis episcopi, promittens amodo me vivere sine proprio, in obedientia et castitate; et de rebus meis dono et perpetualiter trado, voluntate et consilio Isnardi de Castronovo, duas pecias de terra et unam vineam Deo et ecclesie beate virginis Marie de Villa Veteri, quas teneat et habeat et in eternum possideat, et tam in vita quam post mortem meam sine impedimento vel contradictione alicuius hominis de genere meo. Preterea alias duas petias de terra et unam vineam que sunt in territorio de Pilia retineo mihi quamdiu vixero: post mortem autem meam sine impedimento transeatur ad filios vel heredes meos. Facta donatione ista in ecclesia beate Marie de Pilia, in presentia clericorum et laicorum, Petri scilicet Isnardi Niciensis canonici et Ebrardi et Guillelmi Archimberti et Ebrardi canonicorum sancti Ruphi, et Butolli, et Raimundi presbiteri, et Abonis, et Petri Iauceranni, et Arnaldi Amici, et Itarii scutarii episcopi, et Iohannis Rostagni. Laudaverunt donationem istam filii sui et propriis manibus suis super quatuor evangelia iureiurando firmaverunt. Anno ab incarnato Dei filio M. C. L. IIII. mense iulio, die dominica, luna XX. VII.

(1) Huius chartae num. in veter. repert. 88.

97.

1156. Anno ab incarnato salvatore M. C. L. VI. Notum fiat omnibus hominibus quod ego Guillelmus Rollandi pono tibi in pignore Petre Laugerii, sacerdos de Drap et vicarius episcopi, partem molendini mei et batitorii quod habeo pro episcopo, pro L solidos ianuensis monete, ab hoc scilicet festo sancti Martini usque ad tres continuos annos et ex tunc, quando voluero redimere, potero. Si aliquis homo vel femina tibi de hoc gadio contrarius existeret, ego te liberabo et semper pro te respondere paratus ero. Huius impignorationis [sunt] testes Rollandus presbiter canonicus, Bertrandus presbiteri de sancto Blasio, Laugerius Fredolus, Laugerius Iauceramnus, Rainaldus Nevolonus, Richelmus .....po. Actum fuit hoc in castello de Drapo, in presentia Arnaldi episcopi, qui hanc cartam fieri feci et hoc scriptum in eodem castro scribi mandavi.

Item ego Bertrannus Aucelli, eodem anno quod supra, pono tibi Petre Laugerii pro L solidis partem meam molendini quod habeo pro episcopo Nicensi et partem batitorii, ab hoc festo sancti Laurentii usque ad tres sequentes annos, quibus expletis redimendi de propriis denariis, non de aliis, facultas sit mihi. Huius impignorationis testes sunt Guillelmus Rollandi, Ys[nar]dus Nevolonus, Laugerius Fredoli, Rostagnus presbiter de Hescarena, et Guiraldus presbiter, capellanus episcopi, de Abolena. Factum fuit hoc in eodem castro, in presentia Arnaldi episcopi [qui hoc] scriptum fieri fecit. Raimundus presbiter scriptor in ecclesia sancti Iohannis Babtiste hoc scriptum fecit et hoc factum vidit et audivit.

98.

Bertrandus Cota misit [in] pignore domno episcopo Petro partem suam de Serro Aldegerii pro xx solidos veterum denariorum melgoriensium, qui pro concambio valent xxx solidos ianuenses; mortuo Bertrando Cota accepit uxorem eius Raimundus de Oliva et pro necessitate sua et uxoris et filii Bertrandi, accepit a Petro Laugerii capellano et castellano [de] Drapo super eodem pignore de monte Aldegario, unum modium de bono frumento et xx. v solidos denariorum ianuensium. Factum fuit hoc in domo episcopi sub testimonio multorum clericorum et laicorum. Ugonis Ademari et Raimundi Tribuci et magistri Duranti canonicorum, Petri Laugerii et Geraldi capellani episcopi presbitororum et Arnaldi baiuli episcopi et Raimbaldi de Cavallaria et consulum Nicensium Guillelmi Raimbaldi, Petri Ricardi, Bernardi Ausan, Petri Ermenaldi, et Rostagni Badati, Raimundi Serena, quem firmanciam episcopo super hoc, quod si aliquis impediret, vel disturbaret, vel contrariaret, ipse responderet. Factum est hoc anno M. C. L. VIII. ab incarnato salvatore, mense ianuario, feria v, IIII kalendas febroarii.

1159 29 jan.

99.

c. 1158. Ego Petrus Laugerii concambium feci vobis Laugeri Fredol et vobis Laugeri Iauceranni et fratribus tuis Ysnardo, Raimundo et Guillelmo, consilio et voluntate domini mei episcopi, pro canali per quam decurrit aqua ad molendium meum pro ista conveniencia. Quandocumque necessarium mihi fuerit in terra vestra bedale ampliare, curare vel sursum mutare, libere et sine omni impedimento vestri et vestrorum possum facere per terram vestram sive sit culta, sive sit inculta. Pro hac conveniencia dono vobis terram illam que est in croso super viam iuxta campum Hescalone femine, que fuit uxor Guillelmi Iauceranni. Istius conveniencie testes sunt Raimundus Tribuci presbiter canonicus Nicensis, Petrus Bertrandi, Guillelmus Vidiani, Petrus Vidiani, Iohannes Bovis, Bertrandus Aucelli, Iohannes Mainfredi, Petrus Abellonii, Guillelmus Iedberti de Levens.

100.

c. 1158. Ego Laugerius Fredolus feci tibi concambium [Pet]re Laugeri de tercia parte mea de Yscla molendini tui, pro fascia crosi suteirani et pro eminada crosi superioris. Factum fuit hoc in ipsa Yscla, videntibus Guillelmo Iauceranno de Drap et Raimbaldo de Lacx. Post paucos dies veni ante dominum meum episcopum Arnaldum in ecclesia sancti Iohannis ut laudaret et confirmaret istud cambium, [et lau]davit sicut feceramus inter nos, videntibus Geraldo capellano episcopi, Iohanne Bovis, Bertrando Aucelli et filio eius Petro Bertranni (1).

101.

In nomine Dei et salvatoris nostri Ihesu Christi. Omnibus hominibus presentibus atque sequentibus notum fieri volumus, quod ego Guillelmus Ebredunensis dictus archiepiscopus et sedis apostolice legatus, Niciam veniens, de controversia que erat inter Fulconem Badati ed Arnaldum Niciensem episcopum et canonicos pro quadam terra que est in condamina canonicorum in Rocabellera, quam canonici dono Isnardi Dalfini pro Gaufrido (2) consobrino suo habere se dicebant et diu possederant et ipse Fulco in pignore esse dicebat, unde redimere eum volebat, itidem terram quam canonici habebant in colla de Grossol, predictus Fulco pro se et cognati sui requirebat, talem pacem et talem concordiam fecimus. Auditis utriusque partis racionibus receptisque testimoniis, predictam terram de Rocabellera ecclesie et canonicis secundum ius in

1153
4 oct.

(1) Cartae n. 97, 98, 99, 100, in eadem membrana exaratae, num. 144 ferunt in veter. repert.
(2) Autogr. *Granfido*.

pace habere in perpetuum precepimus; Fulconi autem et Isnardo de Dalfino cognato suo terram quam in colla de Grossol canonici, dono Raimundi Codenne et emptione fratris sui possidebant, in pace habere diximus. Facta est autem hec diffinitio in aula episcopi Niciensi. Anno M. C. L. III. In presentia multorum clericorum ac [1] laicorum: Guillelmi prepositi Hebredunensis, M[ilonis] Berengarii, Petri prepositi Dignensis, Petri Antipolitani episcopi, Petri Michaelis, Raimundi Ugoleni, S[tephani] presbiteri, Raimundi Boza, Guillelmi Richerii, Iordani, Raimundi Serene, Guillelmi Ricardi, Fulconis Ugoleni, Isnardi de Castronovo, Ugo de Levens, Rostagni Guillelmi. In die dominico IIII nonas octobris. Et ipse Fulco Badati has firmantias dedit, tam pro se quam pro cognato Isnardo ut amplius hoc placitum non removeatur, Guillelmus Richerii, Ugo de Levens, Rostagnus Guillelmus [2].

102.

1200. In nomine domini, anno ab incarnacione eius M. CC. Notum sit omnibus hanc cartam legentibus quod controversia erat inter dominum J[ohannem] Nitiensem episcopum ex una parte et Guillelmum prepositum sancti Iacobi ex altera: de

(1) Autogr. *hac.*
(2) Huius cartae partitae, cui bullae appensae indicium superest, num. in veteri repert. 61.

qua controversia, comuni voluntate compromiserunt iam dicte partes in manus arbitrorum Vuillelmi prepositi Glandetensis, Petri de Brats canonici sancti Iacobi et canonici Nicienses et Petri archipresbiteri de Claus, dato ab utraque parte sacramento et pena quingentorum solidorum ianuensium constituta, quod mandato eorum starent. Receptis tandem securitatibus, arbitri, de assensu partium amicabiliter constituerunt de decimis ecclesiarum sancti Stephani et sancte Marie de Tenias [1], super quibus discordabant partes, ut de cetero J[ohannes] episcopus Niciensis et successores eius ex integro percipiant duas partes tocius decime et ecclesia tertiam, pacifice et quiete. Sed pro decima maiori et pro quinta, quam consueverant levare clerici ecclesie dę comuni, percipiant XVI sextarios bladi, duas partes de annona et terciam de civada; similiter de agnis et edis XVI, duas partes de agnis et de edis terciam; preterea de terris propriis seu alienis, quas propriis sumptibus excolit ecclesia, totam decimam habeat; si vero proprias terras dederit ad fachariam, dividat decimam cum episcopo, sicut supra dictum est. Facta est composicio hec cum consilio domini Guillelmi abbatis sancti Pontii et magistri Guillelmi prepositi Niciensis et aliorum prudentium virorum, qui erant ex parte episcopi et Ysnar prepositi Senecensis et V. [2] Chabra et Olivarii et

(1) Iofr. *Nicea Civ.* fol. 180 habet *Remas;* non enim ex autogr. sed a recentiore exemplari *libri nigri Cath. Nic.* hanc chartam transcripsit.
(2) *Villielmus* vel *Ugo.*

Guillelmi Rostag [1] canonicorum et aliorum prudentium virorum qui erant ex parte prepositi et ecclesie sancti Iacobi. Ad maiorem autem rei firmitatem ego J[ohannes] Niciensis episcopus et ego prepositus sancti Iacobi sigilla nostra apponimus et ad hoc idem dominum Raimundum archiepiscopum Ebredunensem et dominum Raimundum Senecensem episcopum rogamus [2].

(1) Deest compendii nota.
(2) Huic membranae partitae quatuor bull. expens. indicium superest; num. in veter. repert. 199.

CONSULES NICENSES

Ann. 1144. G. Badat.
1146. Paulus Raimbaldi — R. Serene — G. Richardi — R. Foroiuliensis — P. Bernardi — G. Gatbaldi.
c. 1147. P. Raimbaldi — P. Bermundi — P. Aldebrandi — R. Serena.
c. 1150. R. Ausan — R. Austen — R. Raimbaldi — P. Richardi.
1151. G. Raimbaldi — Bernardus — G. Rufus — Oliver Mairona.
1152. R. Serene — Fulco Badati — Franco Raimbaldi — Fulco Ugoleni.
1156. Raimbaldus iudex — P. Raimbaldi — Franco Raimbaldi — Poncius Gisberni.
1157. Fulco Badati — P. Ricardi — P. Aldebranni — W. Rufi.
1159. G. Raimbaldi — P. Ricardi — Bernardus Ausanni — P. Ermenaldi.
1164. P. Ricardi — Guigo Ricardi — B. Iethbaldi — Fulco Astenni.
1184. P. Ricardi — Guido Ricardi — Fulco Bernardi.

EPISCOPI NICENSES

Bernus fort. Bernardus a. incerto.
Poncius, 1011-1018.
Nitardus, c. 1040.
Raimundus, 1064-1073.
Archimbaldus, c. 1075.
Isnardus, 1108.
Petrus I, 1114-1149.
Arnaldus, 1151-1164.
Raimundus Laugerii, c. 1166.
Petrus II, 1184.
Iohannes, 1200.

INDEX GENERALIS NOMINUM

NB. *Numeri ad cartas, non ad paginas se se referunt.*

A

B.

C

D

G.

H

I

L

M

N

O

P

S

T

INDEX RERUM

E

F

G

H

I

Q

R

S

T

U

V

INDEX CHRONOLOGICUS CARTARUM

Numeri ad ordinem cartarum se se referunt.

1002, 20 Ian.

Carta qua Nadal et Teudbertus frater eius vineam in comitatu Nicensi iuxta flumen Pallionis, quam habent per complantationem, ecclesiae S. Mariae donant, 12.

1002, 20 Ian.

Carta qua Teudrada vineam iuxta flumen Pallionis canonicis donat, 13.

1002, 20 Ian.

Carta qua Geriberga vineam apud Niceam, prope murum antiquum iuxta viam quae pergit ad Arisanam, canonicis donat, 14.

1002, 22 Aug.

Carta qua Teutbaldus et uxor Elena terram, quam a comitibus Willelmo et Rotbaldo et a domno Mirone habuerant, ecclesiae S. Mariae donant, 18.

1008, 11 Sept.

Carta qua Loger et Richildes nec non filia eorum Adalsinda, Deo vota, semodiatam vineae subtus montem Calverolas, quam a comitibus Willelmo et Rotbaldo, nec non a Mirone et Odila habuerant, ecclesiae S. Mariae donant, 19.

1011, 30 Nov.

Carta qua Laugerius et Hodila, una cum Pontio episcopo et Mironi, quartam partem decimae panis et vini, quam sibi pertinet in civitate, ecclesiae S. Mariae et clericis qui ibi serviunt largiuntur, pro anima domni Mironis, qui fuit quondam, 8.

1018, Mart.

Carta qua Poncius episcopus terram et vineam, in loco vocato Fonte calida, pro liberatione animae genitoris Mironis, matris Odilae et germani Mironis et Guillelmi, ecclesiae S. Mariae concedit, 11.

1064, 25 Nov.

Carta qua Baldus aliique nonnulli Raimundo episcopo et ecclesiae sanctae Mariae de Terrio, diversas terras apud hoc castrum donant, quae quidem ecclesia, subiecta Nicensi ecclesiae, XII denarios de censura, in mensibus maii et octobris, reddet, 10 et 22.

1066, 29 Dec.

Carta qua Petrus et frater eius Milo praenomine Lagito ecclesiae sanctae Mariae de Clancio, quaedam bona sita apud idem castrum, in episcopatu Cimelensi, comitatu Tiniensi, concedunt; insuper duos homines, iura feriae aut mercatus, si fuerint instituta, nec non medietatem decimarum castrorum Poieti et Mariae, 21.

1067, 15 Mart.

Carta qua Rostagnus, filius Rainardi, et uxor eius Adalaixis et filii Feraldus, Guillelmus et Petrus, decimas castrorum Venantionis, Andobii, S. Dalmacii in valle Blorae, Pedastis, Raimplacii, Roura, Falcarii, Leudolae, S. Stephani Tiniensis et ecclesiam B. Dalmacii, cum omnibus appendiciis, Raimundo episcopo restituunt, qui medietatem eorumdem iurium Rostagno concedit, ut in Dei servicio possideat, 9.

c. 1070.

Carta qua Leodegarius, filius Raimbaldi, medietatem castri Albasaniae et villae S. Margaritae, nec non medietatem sui iuris in alodarios villae Columbaris ecclesiae S. Mariae concedit, 5.

1078, 21 Apr.

Instrumentum donationis Castri Drappi, quam Raimundo episcopo Nicensi facit Petrus, filius Raimbaldi, episcopus Vasionensis, 82.

c. 1074.

Iusiurandum fidelitatis filiorum Ermengardae et Bertrandae, episcopo Raimundo praestitum, pro castri Drappi tuitione, 83.

c. 1075.

Carta qua Laugerius Rostagnus episcopo Nicensi restituit ecclesias sanctae Mariae et S. Iohannis de Olivo, earumque dotem confirmat, sicut Rostagnus pater eius, tempore Nitardi episcopi, donaverat, 6.

c. 1075.

Notitia restitutionis quam faciunt Leodegarius Rostagni nec non uxor sua Calamitas et filii, cuiusdam mansi, quem olim Berno episcopo Guillelmus comes donaverat, 15.

c. 1078.

Carta restitutionis quam facit Laugerius Rostagnus et Ermengarda uxor eius et filii vel filiae de decimis castrorum Leventii, Roquetae, Villarii et Mirindolii, cum omnibus parrochiis et appendiciis, 7.

c. 1078.

Carta qua Bonfant donat vineam de Trella S. Torpeti, 16.

c. 1078.

Carta qua Bertrandus, filius Raimbaldi, quartam partem vineae de Columba, in Calvarolas sitae, canonicis donat, 17.

c. 1078.

Notitia consacrationis ecclesiae S. Mariae de Portu Monacho, cui et praesuli Archimbaldo probi viri Turbiae cimiterium, ferraginem et terras donant, 40.

1081.

Notitia compositionis habitae inter Amicum de Colcia, filium Bonifilii et canonicos pro quodam manso, assentiente Laugerio Rostagno et Calamitate uxore sua, 20.

1110-1115.

Fragmentum epistolae G. Magalonensis episcopi I. Nicensi episcopo et B. praeposito, in qua canonici S. Cassiani, sub eadem regula quam Nicenses constituti, memorantur, 43.

1108, 2 Jul.

Carta qua Isnardus Nicensis episcopus iura et reditus ecclesiarum et castrorum ad maiorem ecclesiae utilitatem, canonicis suis, in communi viventibus, partitur, 1.

1108.

Privilegium quod Raimbaldus Aurasicensis comes, Franco, Raimbaldus filius Laugerii et Guillelmus Assalit, potestates Niceae civitatis, Isnardo episcopo et canonicis concedunt, ut honores et bona suorum hominum, dono vel emptione, adquirere in futurum possint, 48.

c. 1108.

Iusiurandum fidelitatis a nonnullis hominibus praestitum Isnardo Nicensi episcopo 84.

1109.

Carta qua Isnardus, Guillelmus Talona, Petrus Autrigo et Raimundus, filii quondam Petri Isnardi, ecclesiam Villae veteris Iohanni praeposito Nicensi donant, 3.

1109.

Carta qua Bertrandus et Gaucerannus, filii Laugerii, Iohanni praeposito Nicensi medietatem decimarum castri Leventii reddunt, ab ipsis canonicis C. V. solidos Papienses recipiunt et fidelitatis sacramentum faciunt, 44.

c. 1109.

Carta donationis quam faciunt Ugo et Bertrandus, filii Adveniae et Guillelmi Rostagni, de quarta parte castri Venantionis et de hominibus quos habent in castris S. Dalmacii et Pedastis et de medietate pascuorum; Ugo canonicus efficitur, 23.

1114, 8 Jun.

Privilegium Pascalis papae, quo iura ecclesiae Nicensis possessionesque confirmat, 68.

1115-1118.

Epistola Benedicti Ebredunensis archiepiscopi monachis S. Pontii, qua eis praecipit ut se episcopo Nicensi omnino subiectos esse censeantur, 78.

c. 1115.

Carta Petri Guillelmi, qua ecclesiae S. Mariae Nicensi et S. Stephano dat quaedam predia in Olivo sita, 49.

c. 1115.

Iusiurandum fidelitatis Pétro episcopo a nonnullis hominibus praestitum, 85.

1117.

Carta cessionis Petro episcopo factae a Gauceranno Laugerio medietatis suorum bonorum et iurium in civitate Niceae, pro quingentis quinquaginta solidis. Episcopus aliam medietatem in vadimonium habeat, donec reliquam partem Gaucerannus liberam reddat, 29.

c. 1125.

Notitia placiti Bertrandi Laugerii pro decimis Leventii, quas vi et rapina canonicis abstulerat, de quo facto episcopus ad comitem conqueri statuerat, 45.

1129, 20 Apr.

Privilegium Honorii papae, quo iura possessionesque ecclesiae Nicensis confirmat, 69.

1135.

Carta qua Petrus episcopus Arnaldo legato suisque sequacibus, ad honorem Dei et Hierosolimitani hospitalis, terram donat apud angulum hospitalis Nicensis, 34.

1136.

Carta qua Raimundus Ausanni, coram episcopo, hospitali pauperum concedit nonnullos homines qui reddunt annuatim XVIII denarios Melgoriensium et medallam, quatuor sextarios annonae et eminam, decimam piscium, asinariam et alia servicia, 65.

1136, 30 Mart.

Bulla Innocentii papae de institutione ordinis canonicorum Nicensium secundum regulam B. Augustini, ab ipso episcopo Petro nuper facta; de electione episcopi et canonicorum ex eodem ordine; quibus, ecclesiae Niciensis iurium et possessionum, privilegium sequitur, 70.

1137.

Carta qua Petrus episcopus Nicensis reditus canonicorum in unum viventium constituit, 2.

1141.

Carta qua Raimundus Codenna ecclesiae S. Mariae dat quasdam terras in Olivo, in Monte Gros, in Calvairolas, 50.

1141.

Donum ecclesiae del Gast, quam Petrus episcopus Hierosolimitano hospitali in manu Arnaldi legati concedit, retinens tamen in ea synodum, reditum III solidorum Melgoriensium et terciam partem mortalagii eiusdem villae, 52.

1143, 15 Jun.

Placitum canonicorum et monachorum S. Poncii pro iuribus et possessionibus ecclesiae et monasterii, 53.

1144.

Carta qua Petrus episcopus honores ecclesiarum S. Mariae, S. Hospitii et S. Iohannis confert monacis Stephano, Anselmo et Petro, qui in ipsis ecclesiis serviunt, 33.

1144.

Carta qua Guillelmus Vintimiliensis comes et cognatus eius Rostagnus Raimbaldus Petro episcopo honorem Campi Marcii in perpetuum possidendum concedunt, 47.

1144.

Instrumentum quo Martinus, Petrus Medicus et Guillelmus peciam terrae in Chimela sitam a canonicis accipiunt, pro censu VI nummorum, factaque vinea quartonem dabunt, 67.

1144, 5 Apr.

Bulla Lucii papae, qua praecipit canonicis Nicensibus ut regulam B. Augustini observent et episcopus ex eodem ordine eligatur. Iura ecclesiae confirmat, 71.

1144.

Praeceptum Lucii papae Ebredunensi archiepiscopo, ut abbatis S. Pontii consecratio ab episcopo Nicensi, cuius iuris est, efficiatur, 72.

c. 1444.

Carta confirmationis a Guillelmo Vintimiliensi comite et a cognato Rostagno Raimbaldo, pro quibusdam honoribus hospitali, a canonicis erecto, largita, 66.

1145, 27 Apr.

Epistola Eugenii papae G. Ebredunensi archiepiscopo, qua illum acriter exprobrat, quod monasterium S. Pontii a potestate episcopi subtrasisset, imo istius anulum abstulisset; coram se, de tanto arbitrio respondendo, advocat, 73.

1145, 8 Nov.

Epistola Eugenii papae Bertrando priori S. Pontii, qua illum admonet abbatem eiusdem monasterii, archiepiscopi Ebredunensis benedictionis causa, omni officio abbatiali orbatum fuisse; monasterium etenim S. Pontii Nicensi episcopo subiectum esse debet, 74.

1146, 15 Mai.

Epistola Eugenii papae Petro episcopo, qua exponit faustum sibi fuisse in controversia erga monacos S. Pontii, neglectisque archiepiscopi appellationibus, ipsius iura super monasterium omnino confirmanda statuisse, 75.

1146, 25 Nov.

Epistola Eugenii papae monachis S. Pontii, qua eos admonet ut abbatem eligant et Nicensi episcopo se subiiciant, 76.

1146, 25 Nov.

Epistola Eugenii papae Petro episcopo, qua conqueritur archiepiscopum Ebredunensem coram se, quamvis advocatum, minime prodisse; sententiam dominii episcopalis super monasterium S. Pontii confirmat et perpetuum silentium imponit, 77.

1146.

Notitia compositionis coram consulibus. Canonici habeant domum Anselmi iuxta salam Gauceranni Laugerii; ipse eam teneat ad fidelitatem et servicium et pro decimis piscium, 24.

1146.

Carta compositionis coram consulibus. Raimundus Malcomptat et fratres Olivarius et Bermundus tenebunt campum de Brugeda pro canonicis ad fidelitatem et servicium decimi et XIII sextariorum cuiuscumque seminis, 25.

c. 1147, 6 Jan.

Breve recordationis placiti consulum de terra Rochabillerae, inter Milonem Badati pro filia Isnardi Dalfini, quam filius eius duxerat, 62.

1148.

Carta qua Petrus episcopus ecclesiam Villae veteris canonicis suis iterum tradit, 4.

1148.

Notitia Giraldi qui Hierosolimam profecturus Iohannem filium suum parvulum, pro canonico, cum medietate hereditatis suae, episcopo tradidit et reliquam medietatem pignori dedit pro quinquaginta solidis melgoriensium, 55.

1148.

Carta qua Petrus episcopus canonicis suis claustrum, pro honestate servanda, pro capitulo regendo et studio habendo, concedit. Canonici inibi sepeliantur.

1149.

Carta qua Guillelma uxor Feraudi de Isia ecclesiae S. Mariae de Portu Monacho et Petro episcopo quasdam terras et honores donat et fideiussores constituit, 46.

c. 1149.

Instrumentum quo Willelmus de Laura accipit a canonicis vineam in Calvairolas et pro servicio unum sextarium ficuum, duos pullos et duas focacias se daturum promittit, 63.

c. 1105.

Notitia compositionis de honore, quem Guillelmus Guigo vivus tenebat, inter nepotes ipsius et canonicos, 51.

c. 1150.

Carta permutationis terrae in colla de Grossol, quam faciunt Ermengarda et maritus eius pro vinea de Carabassel, 61.

c. 1150.

Notitia Pauli Bellen, qui canonicis terram dederat ad Olivarium; uxor eius eam abstulit, inde iterum ecclesiae dimisit et veniam quaesivit, 64.

1151, 5 Sept.

Carta qua Petrus Porcel coram consulibus a canonicis advocatus, dimittit terram in Campo longo, quae, per testamentum eius uxoris, ecclesiae Nicensis iuris erat, 26.

1151, 20 Sept.

Sententia consulum pro quaestionibus quae, pro diversis terris et iuribus, inter Petrum Gaufredi, Petrum Faber et canonicos extiterant, 59.

1151, 21 Oct.

Carta qua Arnaldus episcopus ecclesiam S. Stephani, iuxta portum Olivi, ad servitium altaris S. Mariae et sacristaniae libere in perpetuum habere concedit, 54.

1152.

Carta diffinitionis Petri episcopi Antipolitani super decimis filiorum Bermundi Giraldi 28.

1152, 24 Dec.

Instrumentum de pace composita inter Arnaldum episcopum et Laugerium de Graoleriis, pro honoribus quos Gaucerannus Laugerii, ipsius pater, olim cesserat ecclesiae Nicensi. Laugerius ipsa iura confirmat, ab episcopo per virgam reinvestitur et fidelitatem praestat. Sequuntur nomina hominum, quos Laugerius pro ecclesia tenebit. Adest R. Berengarius comes, 30.

c. 1152.

Breve de iuribus, serviciis et honoribus in civitate Nicense, olim a Laugerio Rostagno et suis, nunc ecclesiae et episcopo spectantibus et a Laugerio de Graoleriis ad fidelitatem habitis, 94.

1152.

Carta compositionis inter Arnaldum episcopum et Isnardum de Castronovo, pro decimis de Revel et quaestione Campi Marcii, 31.

1152.

Preceptum composicionis coram G. Ebredunensi archiepiscopo habitae, pro terra sita in Chimela, inter fratres Guillelmum et Guillelmum Marin et canonicos, qui LXXXV solidos Melgoriensium contra canones acceperant, 41.

c. 1152.

Carta qua Iohannes Aicart et filius Garnerius terram, quam iniuste possidebant iuxta ecclesiam B. Iohannis de Olivo, episcopo restituunt, 79.

c. 1152.

Epistola Willelmi Ebredunensis archiepiscopi, sedis apostolicae legati, consulibus et populo Nicensi, super debitis et usuris clericorum, super ecclesiae honorum venditione et de clericis non advocandis, pro iudicio, coram consulibus, 80.

1153, 7 Apr.

Diploma Raimundi Berengarii comitis, quo ecclesiam Nicensem sub suum praesidium suscipit, ipsiusque iura et libertatem confirmat, 81.

1153.

Carta diffinitionis Guillelmi Ebredunensis archiepiscopi de controversiis quae, pro condamina de Rochabillera et terra de Grossol, inter Arnaldum Nicensem episcopum extiterant et Fulconem Badati, nec non Isnardum de Dalfino cognatum suum, 101.

1154, 30 Jul.

Carta qua Mathildes, consilio Isnardi de Castronovo, terras et vineam in territorio Pilliae ecclesiae Villaeveteris concedit et in manu episcopi, sine proprio se victuram, in obedientia et castitate, pollicitur, 96.

1154, 17 Aug.

Carta qua Laugerius de Graoleriis episcopo Arnaldo et hospitali pauperum, quidquid habet iam dicta domus in montibus Niceae concedit, 32.

1156.

Carta qua Bernardus Guillelmi de Alagauda, interdictus ab episcopo Arnaldo, decimas, quas in territorio de Orbazach retinebat, super altare S. Mariae et B. Iohannis de Bello loco in Olivo, restituit, 42.

1156.

Carta qua Guillelmus Rollandi Petro Laugerii sacerdoti de Drappo et vicario episcopi, partem molendini et battitorii pignori dat; sic, pro alia parte, Bertrandus Aucelli concedit, 97.

1157, 18 Aug.

Instrumentum de pace composita, pro controversiis nuper agitatis, inter Arnaldum episcopum et consules Nicenses, 87.

c. 1158.

Carta permutationis terrarum in territorio Drappi a quibusdam hominibus factae, consilio et voluntate episcopi, 99.

c. 1158.

Carta permutationis factae a Laugerio Fredulo et Petro Laugerii apud Drappum, 100.

1159, 29 Jan.

Notitia pignoris de Monte Aldigerii, quod facit Petro episcopo Bertrandus Cota, 98.

1159.

Sententia ab Antipolitanensi et Venciensi episcopis, ab abbate S. Poncii et a magistro Duranto prolata, de iuribus inter canonicos et episcopum dividendis, 86.

c. 1160.

Notitia compositionis habitae inter Raimundum Serena et ecclesiam super quaestionibus de Campo Marcio, 90.

1164.

Instrumentum diffinitionis inter consules et episcopum de quaestione Campi Marcii, propter cimiterium quod ecclesia et consulatus ad invicem contendebant, 95.

c. 1166.

Descriptio sacrarum supellectilium et codicum, quos Raimundus Laugerius, sacrista tunc electus in episcopum, reddidit et consignavit ecclesiae, 88.

1184, 19 Jan.

Praeceptum Lucii papae III, Petro II Nicensi episcopo, ut monasterium S. Pontii diocesano iure sibi subiectum, cum in omnibus declinatum sit, rursus secundum Deum in ordinem redigat, 91.

1184, Sept.

Notitia subiectionis auctoritati Nicensis episcopi, coram consulibus factae a monacis S. Pontii, pro controversiis iterum ortis pro iurisdictione episcopali et electione abbatis. Sequitur notula autographa ab ipso episcopo Petro exarata, de solutione expensarum in itinere Romano a monachi sibi facta, 93.

1185, 22 Mart.

Epistola Lucii papae priori de Gordolone et S. Reparatae directa, super parrochialium iurium usurpatione, de qua Petrus episcopus ad sedem apostolicam conquestus erat, 92.

1200.

Carta compositionis inter Iohannem episcopum habitae et Guillelmum praepositum S. Iacobi, pro decimis et aliis iuribus ecclesiarum sancti Stephani et S. Mariae de Tenias, 102.

TABLE DES MATIÈRES

www.ingramcontent.com/pod-product-compliance
Ingram Content Group UK Ltd.
Pitfield, Milton Keynes, MK11 3LW, UK
UKHW022336090726
13658UKWH00001B/309